丹羽宇一郎

人間の本性

GS
幻冬舎新書
558

まえがき〜人間とは何者なのか

『君たちはどう生きるか』（マガジンハウス刊）という本が、数年前からたいへん話題になっています。この本は児童文学者でありジャーナリストでもあった吉野源三郎（１８９９〜１９８１）が「いかに生きるべきか」という倫理的な問いを少年少女に考えてもらうために、私の生まれる２年前の１９３７年に書いたものです。

数年前に漫画という新たな装いで出版されたところ、火がついたように話題が話題を呼び、大ベストセラーになっているようです。

いまの人に「いかに生きるか」という問いを発することは、意義のある素晴らしいことだと思います。

というのも、物質文明が全面開化したこの時代にあって、多くの人は物価がどうだとかＧＤＰ（国内総生産）がどれだけ伸びたかとか、目の前の形而下《けいじか》のものばかりに敏感に反応する印象があるからです。

そのことを象徴するような話を知人から聞きました。なんでも20代の女性起業家がテレビで「文学や小説をこれまでほとんど読んだことがなかったので、その価値を知ろうと試しに川端康成を選んで読んでみた。そこでわかったのは文学とか小説といったものはコスパがきわめて悪いことでした」と発言していたというのです。

草葉の陰で川端は、この言葉に口をあんぐり開けているに違いありません。ある意味では本人が意図しないところで文芸に対する批評にもなっていますが、そこまで時代が変わってしまったのかという奇妙な感慨を覚える人も少なからずいるのではないでしょうか。

「川端を読んで面白くなかった」というのなら、わかります。小説を愛好する読者でも、川端は自分には合わないと感じている人だっています。ノーベル文学賞という権威に惑わされて理解したふりをする必要もありません。

しかし、コストパフォーマンスという尺度で文学をはかってしまう感覚は、何か大きなものが欠けているような気がします。そこにはコスパという数字では割り切れない人間のさまざまな面が、濃密に描かれているはずだからです。

コンピュータやＡＩは目まぐるしいスピードで進化していますが、一方でそれらをコントロールするはずの人間への関心はどんどん希薄になっている気がします。

考えてみれば、人の思いや感情といった心のあり方は、ギリシア神話がつくられた古代ギリシアの時代も、『源氏物語』が描かれた平安時代も、いまとまったくといってよいほど変わりがないのではないでしょうか。

人間というものが時代の移り変わりとともに賢くなり、心が成長した形跡はどこにも見当たりません。それは「人間の本質」、すなわち「人間の本性」そのものが、ずっと変化していないからなのかもしれません。

なのに科学技術は猛烈なスピードで進歩している。科学技術と人間の落差が、至るところでいま、大きな問題となって表れています。

人間は所詮、動物です。飢え死にしそうになったら、人の命を奪ってでも食べ物を得ようとする本能を持っています。私はそれを「動物の血」と呼んでいます。油断をすると、人間のなかに潜む「動物の血」が騒ぎ始めます。怒り、憎しみ、暴力的な衝動を内包する「動物の血」が人間には流れていることを忘れてはいけません。

皆さんは、こんな経験はないでしょうか。歳を重ねても誰かを妬《ねた》んだり恨《うら》んだりと自己中心的な他人を見て落胆しつつ、同様に成長していない自分を見て愕然とする——。

本書では、そんな摑《つか》みどころのない「人間の本性」というものを、さまざまな断面から考察し、そんな人間といかに付き合い、生きるべきかを私の体験談も交えながら綴ってみようと思います。

人間として生まれたのに、肝心な人間のことをよく知らなければ、これからのＡＩやロボットに使われる一方で、人間としての人生そのものさえ、まっとうできなくなるのではないでしょうか。余計なお世話かもしれませんが、私は最近、そんなことをよく考えるようになりました。

今から80年ほど前、ノーベル生理学・医学賞を受賞したフランスのアレキシス・カレル（1873～1944）は、生理学や医学を基にし、人間を科学的に考察した『人間この未知なるもの』を刊行。同書はベストセラーとなり、数十カ国で出版されました。人間というものは不可解で、動物に近い一面を消しがたく持っている。その根底に流れているものは何か。それは民族の血かもしれないという、現在では危険な方向といわざるをえない結末になろうとしていました。80年前でも人間の本性は未知のままであったし、今もそれは変わりません。

2500年ぐらい前の孔子（B.C.552～B.C.479）、ソクラテス（B.C.469～B.C.399）、プラトン（B.C.429～B.C.347）、アリストテレス（B.C.384～B.C.322）、孟子（B.C.372～B.C.289）以来のテーマでもあり続ける〝人間とは何者なのか〟について、私はこれまでの仕事や人生経験、読書を通して、ずっと考えてきました。

人類誕生以来、人間は「動物の血」をうまくコントロールすることができず、長きにわたって同じ過ちを繰り返しています。

21世紀に生きる人たちがこれらを自覚し、過去の人間と違って、心の成長を示すような賢い判断がこれから先できるであろうか。21世紀になったからといって人間が、何千年も前からのわれわれの先祖以上に急に賢くなることはありえないとはいえ、まったく不可能ではないのではないかという想いを持ち続けたい。21世紀に生きるわれわれが、人間として少しは賢く生きるヒントを得られればとの思いで、これから筆を進めたいと思います。

二〇一九年五月

丹羽宇一郎

本書をお買い上げいただき、誠にありがとうございました。
質問にお答えいただけたら幸いです。

◎ご購入いただいた本のタイトルをご記入ください。

『　　　　　　　　　　　　　　　　　　　　　　　』

★著者へのメッセージ、または本書のご感想をお書きください。

●本書をお求めになった動機は？

①著者が好きだから　②タイトルにひかれて　③テーマにひかれて
④カバーにひかれて　⑤帯のコピーにひかれて　⑥新聞で見て
⑦インターネットで知って　⑧売れてるから／話題だから
⑨役に立ちそうだから

生年月日	西暦　　年　　月　　日（　　歳）男・女			
ご職業	①学生	②教員・研究職	③公務員	④農林漁業
	⑤専門・技術職	⑥自由業	⑦自営業	⑧会社役員
	⑨会社員	⑩専業主夫・主婦	⑪パート・アルバイト	
	⑫無職	⑬その他（　　　　）		

このハガキは差出有効期間を過ぎても料金受取人払でお送りいただけます。

ご記入いただきました個人情報については、許可なく他の目的で使用することはありません。ご協力ありがとうございました。

郵 便 は が き

料金受取人払郵便

代々木局承認

6948

差出有効期間
2020年11月9日
まで

1 5 1 8 7 9 0

203

東京都渋谷区千駄ヶ谷 4 - 9 - 7

(株) 幻 冬 舎

書籍編集部宛

1518790203

ご住所 〒

都・道
府・県

フリガナ

お名前

メール

インターネットでも回答を受け付けております
http://www.gentosha.co.jp/e/

裏面のご感想を広告等、書籍の PR に使わせていただく場合がございます。

幻冬舎より、著者に関する新しいお知らせ・小社および関連会社、広告主からのご案内を送付することがあります。不要の場合は右の欄にレ印をご記入ください。

不要 □

人間の本性／目次

第三章　人間としての「幸せ」の構造　63

構成　髙木真明
DTP　美創

第一章
死ぬまで未完成

この世には善人も悪人もいない

人間が生物界の頂点にいるのは、脳が極端に発達して理性という道具を手にしたからです。ただ、基本的には動物ですから、「理性の血」の底には「動物の血」が流れています。人間の悪い部分や弱さといったものは、この「動物の血」がなせる業ともいえるでしょう。

生物進化の歴史を辿《たど》れば、生命が誕生したのが38億年前、人類の直接の祖先で新人類が誕生したのが約20万年前、そして最古の文明が生まれたのが4000年～1万年前といわれています。

ということは、「動物の血」のほうが「理性の血」に比べれば歴史が圧倒的に長く、それゆえ強靭《きょうじん》といえます。

「動物の血」を抑え、コントロールしようとする「理性の血」は、いざとなれば簡単に消えてしまうでしょう。他人を顧みない自分勝手な行動をしたり、自分の利益のために人を踏みにじったり、嘘をついたり……。そんな「動物の血」は、常に「理性の血」の下をマグマのように流れているのです。

いわゆる善悪というのは、「理性の血」が「動物の血」をコントロールできている状態が「善」、「理性の血」が姿を消し、「動物の血」が噴き出す状態が「悪」といってもいいでしょう。

ですから、世の中には善だけでできている善人もいなければ、悪だけの悪人もいません。たとえば慈善活動に生涯をささげたマザー・テレサのような人でも、「動物の血」を内に秘めていたでしょうし、血も涙もないような凶悪事件を起こした犯人だって、「動物の血」を抑える善なる血も持っているはずです。

親鸞《しんらん》の悪人正機説《しょうき》ではありませんが、「動物の血」を自覚することで、人は善なる状態に向かうこともできるのだと思います。

大部分の犯罪者は、人としてやってはいけないことを頭ではわかっているはずです。それでも罪を犯してしまうのは、人間は単に知識だけ、理性だけで動いているわけではないからでもあります。その意味で、道徳教育といったものは、「動物の血」が引き起こす悪のいやらしさ、醜《みにく》さを体でわかってもらう体験学習のような形で教えたほうが、よほどわれわれの記憶に残るものになるかもしれません。

自分に不都合なことが起きたり、他人を押しのけ自分の利益を得ようとしたりするとき、「理性の血」は姿を現しません。

一方で「動物の血」は常に理性の殻を破り、噴き出す機会をうかがっていますから、動物になる誘惑は絶えずあるといってもいい。理性の力によって自らをコントロールするには努力が必要ですが、「動物の血」が姿を現すには努力は必要ありません。「理性の血」より「動物の血」のほうが、ずっと力強いからです。

「人権派」がセクハラで告発されるという現実

世界的なフォトジャーナリストであり、雑誌「DAYS JAPAN」の発行人である広河隆一のセクハラ疑惑が昨年末に問題となりました。

彼は世間的には「人権派」として名を通してきた人でもあるだけに、告発された卑劣な行為に落胆した人は少なくないはずです。ことほどさように、人間は簡単に「動物の血」に負けてしまうのです。

　有名なあるボランティアグループを率いているリーダーがこんなことをいっていたそうです。ボランティアをしようとする者が集まると、それぞれの思惑があるのか、意見がまとまらないことが多い。反対に一緒に悪いことをしようとしている連中なんかのほうが意見がすんなりまとまるのではないか、と。

　たとえばグループで詐欺をやり、成功した連中はうまくいった後で仲間割れをしたりするかもしれませんが、詐欺の計画を話し合って決めるときには目的が同じなので、一致団結する力が強いかもしれません。

　しかし、それだけ複数の人間が集まって行動するということは、たとえ社会のためになることでも、歩調を合わせるのが難しいのだと思います。その反対の行いは「理性の血」を使う努力がいらない分、簡単にできてしまうのかもしれません。

どんな人でも「動物の血」をむき出しにする瞬間はあります。善い人だなと感じる人を見て、足先から頭まですべて善でできているように思う必要はないし、反対にいかにも悪そうな人間を見て、まったくの悪人だと決めつけることもできません。人間は「動物の血」と「理性の血」が入り混じった状態で生きていながら、ときにより善になったり、悪になったりする二面性を持っているのです。

だからといって、「動物の血」に戻るのは自然で仕方ないことと開き直ってはいけません。「動物の血」がもたらす醜さを身をもって感じ、不条理をいかに思い留《とど》まるか、そこにこそ人間として理性を磨く鍵があるのではないでしょうか。

「悪小なれど、これを為すことなかれ」（どんな小さなことでも悪はするな）、「善小なれど、これを為さざることなかれ」（小さなことであっても躊躇《ちゅうちょ》せずによいことをしなさい）という、臨終に際し、子どもたちに話したといわれている劉備玄徳《りゅうびげんとく》の言葉を私はいつも心に留めています。

われわれの大半はミーイズム（自己中心主義）であり、失敗などをしたときは何かしらの責任から逃れたい思いで日々生きているのが普通です。

そのため虚栄心でもって、かっこよく美しく化粧をして、立派な姿を周りに見せようとする。このような「虚」の自分を人に見せ続けたいという「動物の血」が人間には流れているのです。

この「血」をいかにコントロールするのか。人生の核心は、まさにこの一点に凝縮されているといっても過言ではないでしょう。

「利他の精神」がなければ「人間」じゃない

乗っていた客船が沈んで、海に投げ出された。そのとき救命ボートがきたが、若干名しか乗れない。しかし海に浮かんで助けを求めている人間は他にもたくさんいる。あなたならどうする？

あるいは、走ってくる電車の先に5人の人間がいる。このままだと線路上の5人は確実に轢《ひ》かれてしまう。しかし、その手前で切り替え操作を行えば別の線路へ電車を進めることができる。だがそちらの線路には一人の人間が作業をしている。切り替え操作をして5人を救うか、何もせずに一人を救うか、あなたが切り替えスイッチを操作できる立場にあれば、どうするか？

究極の状況を想定したこのような思考実験は、論理的思考や哲学的思考を促してくれます。

思考実験は他にもいろいろありますが、そのなかの一つに「大きな天変地異が起こって、あなたを除く全人類が死滅してしまった。ただ一生生きていけるだけの食料はある。さて、あなたはどういう人生設計をして生きていくか」という問いかけがあります。

この質問はサバイバルの方法ではなく、生き甲斐《がい》をどうやって見つけるか、という問いです。

人間という字は人と間と書くように、人との交わりがあったり、他人を意識することで「私」という自意識が生まれ、人間になるわけです。人は他者を意識したり、交わったりすることで向上心を抱いたり、努力をしたり、喜びを感じたりします。

相手に共感したり、助け合って生きていくのが人間という生き物ですから、自分以外の人間がこの世に存在しないとなれば、人はいまの人間の風情《ふぜい》を保つのが難しくなるのではないでしょうか。

人里離れた山奥に仙人のように住んでいる人であっても、生活上の必要からときどきは他人と接することがあります。まったく人と交わらずに生きている人というのは、希《け》有《う》に近いでしょう。仮に船の遭難でどこかの無人島に流れ着き、そこで一人で暮らす羽目になったとしても、海の向こうには無数の人が生きているという思いは抱けます。

つまり、どんな孤独な状態で生きていても、少なくともどこかで生きている他者の存在を意識しているはずなのです。

地球最後の一人になったらというこの質問では、自分以外の人間は誰一人として生存していないのですから、生きている他者を意識することはできません。せいぜいできるのは、記憶のなかで過去に出会った人たちと交わることくらいです。

人は自分のためだけに生きるのではなく、他人を意識し、人のために何かをする「利他の精神」があってこそ、「人間」になるのだと思います。

ですから、自分以外の誰も生きていない状況においては、人間として死んでいるのと同じですし、動物に近くなっていることでしょう。もしそんな状態になれば、「私」は人間としては存在していないといっても過言ではないと思います。

ですから、もし天変地異で「私」が地球最後の一人になったなら、「私」を含めその時点で地球には人間は誰もいなくなったといってもいいのかもしれません。

不自由な世界では人間として生きられない

SF小説や映画では、誰しもが生きる悩みを持つことなく快適に暮らしているユートピアの世界が描かれることがあります。

究極の思考実験には、そんな夢のようなユートピアの世界と、苦悩や問題が山のようにある現実の世界と、どちらの世界に暮らしたいかという問いがあります。

私が考えるユートピアは、みんな仲良くお互いに助け合って、自由で平和に生きることができる世界です。そんなユートピアであれば、もちろんそこで生きたいと思います。

でも実際にそんなユートピアが実現したとしても一瞬のことで、1、2年もすれば集団のなかで序列ができたり、権力を持つ者が横暴なことをやり始めたり、グループ同士の対立が起きたりするなどのさまざまな問題が出てきて、元の混沌《こんとん》とした現実世界に戻ってしまうことでしょう。

このようにユートピアは脆《もろ》いかもしれませんが、それでも一つの理想であることは間違いありません。

SFの世界で描かれるユートピアは、私が思うユートピアとはかなり違うようです。たしかに争い事はなく平和ですが、その世界はたいてい徹底的に管理された社会なのです。巧妙に管理されているがゆえに秩序が保たれ、平穏な社会が実現しているわけです。

ですからその代わりに自由というものが制限され、公の秩序に反するような行為はまったくできないという、厳しい環境下におかれるでしょう。自由のない世界がどんなに息苦しいか、想像できるでしょうか。

人間には必ず善と悪が同居していますが、SF世界のユートピアは善の部分だけを表向き掬《すく》い取って成り立っているような社会です。

だから、みんな何かを抑制して生きていて、人間らしさがない。善いものと悪いものの両方があってこその人間社会なのに、善いものばかりでつくられる世界は不気味ですし、絶対にあり得ないと思います。

人は悩みがあるから生きていける

私は常々、「生きることは問題だらけ、問題があるからこそ人間は生きているんだ」ということをいっています。生きていれば、次から次へと問題が起こる。仕事のトラブル、家庭の問題、健康のトラブル……人生は何か問題が収まったかと思えば、また次に別の問題が起こるという連続ではないでしょうか。

それなのに「問題はないのが幸せ」という前提で構えすぎる人が多いように感じます。問題を大仰《おおぎょう》にとらえ、いざ問題が起こると、慌てて冷静さをなくしてしまう。人生において「問題はあって当たり前」なのです。

悩みがあるから、人はそれを解決して前へ進もうと知恵を出したり工夫したりして頑張れるわけです。そういうときにこそ、もっとも人間らしさが出てくると思います。生きる醍醐味《だいごみ》は、問題があればこそです。

私は悩み事を相談されたら、「悩みがないときは死ぬときしかない。問題があることは生きている証《あか》しだ」と話します。生きている限り、問題は常にあなたについてまわるのです。

SFで描かれるユートピア世界には問題が起きません。問題がないので皆平和ですが、どこか胡散臭《うさんくさ》さが漂っています。本当の平和とは、おそらくさまざまな問題を調整した、きわどいバランスの上に成り立つものだからでしょう。

ですから、そんな世界がもしあるとしても、想像上の理想郷です。いろいろな問題があっても、苦しいことがたくさんあっても、現実の社会こそ、生き甲斐がある世界です。それは、「人間」として生きられる、唯一の世界だからです。

ところで、今から数年前に若者を中心に多くの人の心をとらえたセカオワ（SEKAI

NO OWARI）の「Love the warz」の歌詞に、「不自由がなければ自由もない　だから戦争がなければPeaceもないのかい？（中略）僕らは幸福世代　僕らの平和を守るため　僕らの世代が戦争を起こします」という箇所があります。

私は、この歌詞に衝撃を受けました。戦争ありきのPeaceなら、Peaceもないほうがましですし、それ以前に戦争がないほうがいいのはあたり前のことです。戦争と平和はシーソーゲームではないんだと、この機会にはっきり述べておきたいと思います。

人生の勝敗は最後に決まる

人は勝ち負けといったことに、とてもこだわります。この競争社会に生きていると、勉強の勝ち負けから仕事の勝ち負けまで、勝つことにこそ生きる価値があると思っている人も少なくありません。仕事で成功してお金持ちになれば人生の勝ち組、うまくいかなければ負け組のような価値観も根強くあります。

しかし、人生の本当の勝ち負けは、仕事でうまくいくとか、お金持ちになるとかなどの物差しだけではかれるものではありません。

それはおそらく人生最後の心安らかな安堵《あんど》の一息に象徴されることだと思います。

死ぬ間際に、家族に感謝して「ありがとう」の一言を残し、「俺の人生は幸せだった。人を傷つけることもなかった。裏切ることもしなかった」――そう清々《すがすが》しく思えるなら、その人こそ最高の人生を送ったといえるのではないでしょうか。

反対に「俺は大金持ちになったけれど、誰かを傷つけたり、たくさんの人を欺《あざむ》く卑怯《ひきょう》なこともやった」――そう悔いたり、反省するようなことがあれば、心残りのある人生の終着駅となってしまうことでしょう。

どれほど世間的に成功しようと、多くの人から尊敬されていようと、死ぬ間際に多くの心残りを感じるような生き方であれば、幸せな人生だったとはいえません。

たとえ仕事がうまくいかなくても、貧乏であっても、人生の最後に「人として過ちを犯すことはなかった。ああ、よかった」と安堵して死んでいける人こそ、人生の勝利者だと思います。

生きていれば勝ち負けの局面といったものはさまざまなところにありますが、勝ち負けばかりにこだわっていると、人生の本質は見えてきません。

表面的な勝ち負けということにとらわれすぎるのは、どこか卑しいものです。勝つとか負けるとかといった次元を超えたところで人間を見つめる視線を常に持っていないと、勝つためにはずるいことでも何でもしていいという人生観に陥りやすいものです。

勝ち続けても、最後に自分の人生を振り返って心に悔いが残ることがないだろうか。仕事をはじめ、いろいろな競争に負けたかもしれないけれど、人間としては誠実に、ちゃんと生きることができたと思えれば最高です。

最後の最後に、われわれの死に顔が幸不幸を語ってくれることでしょう。

年を取るほど得るものが増える

人は年を取るとともに、さまざまなものを失っていく。ほとんどの人はそう感じているようです。以前、取材のインタビュアーも、「得ることばかりに人生の喜びや生き甲斐を見出《みいだ》していると、失うことに対して耐性が弱くなる。年を取ると失うことのほうが圧倒的に増えるので、これからは失うことに対して平常心を持てるようにしなくてはと思っているんです」ということをいっていました。

しかし、私は反対に年を取るほど、得ることのほうが増えると考えています。もちろんそれは財産など物質的なものではありません。いろいろな人との出会いもあれば、本との出会いもある。それらは新たな経験を増やしてくれるし、新たな知識を授けてくれる。だから年を取れば忘れることも多いのですが、得ることは増えていくばかりです。

肉親や仲良くしていた友人が亡くなるということや、老いて肉体のさまざまな機能が衰えていくことはどうなのか。それは失うことに他ならないのではないかと思われるかもしれませんが、こうしたことは失うという対象ではなく、自然現象として当然のことです。

もちろん寂しさという感情がそこには生起するでしょうが、「寂しさ＝失う」ではないのです。

年を取ろうとも、好奇心を失わず、謙虚な姿勢でいれば、すべてのものは「師」になります。子どもと遊んでいても彼らの素直な感性から学ぶものはたくさんありますし、ちょっと苦手な人と出会っても、反面教師的に学ぶ切り口はたくさんあります。加えてこの世界のことをいろいろ教えてくれる本は読み切れないほどある。

そう考えると、得るものはたくさんあるのにそちらには目を向けず、失うものばかりが増えていくなどと思うのは、心のあり方を忘れた努力不足の生き方ではないでしょうか。

ですから本当は生きるほど得るものが増えていくはずなのです。まさに年を取る暇もないほど増えていく。年を取るたびに「増える」のか「失うか」は、まさに考え方次第、努力次第だと思います。

ままならないのが人生

人は自分が思い描いている通りに事が進まないとき、その思いが強ければ強いほど、イライラしたり、腹立ちを覚えたりします。

しかし、大きなことから小さなことまで終始イメージ通りになるなんてことは、冷静に考えればあまりないのです。

これまで何百冊と本をつくってきた、私と付き合いのあるベテランの編集者が「自分の思い通りになった本なんて、これまで一冊もなかったです」といっていましたが、ベストセラーをたくさん出している手練《てだ》れの編集者ですらそうなのです。

タイトルは会議で皆で議論をしながら決めるし、装丁はデザイナーがこちらがイメージしているものをピタリと仕上げてくれるわけではない。著者だって自分が思っているような原稿を書いてくれるわけではないし、売り上げだって望むような部数にはならないことのほうが多い。

よく売れる結果となっても、その過程の編集作業で思いもかけずひどく苦労するものだって少なくない。もちろん、それぞれいい意味で期待を裏切ることもあります。会社の全体の意見に従って決めたタイトルがしっくりこなくても、売れ行きがすごくいいことだってあるでしょう。

しかし、すべての面において一から十まで作業が思い通りに進み、イメージ通りの本になるなんてことは、ほとんどないというわけです。ただ、一冊の本をつくるのにも何人もの人が関わるのですから、「思い通りにいかない」のは当然といえば当然です。

この編集者の例を引くまでもなく、どんな仕事でも完全に自分の思い通りにいくことなど、そうそうあるものではないと思います。ひいては人生そのものもそうでしょう。

「プロ野球の打者と同じで、人生は3割も思っている通りになれば上出来だ」。そんなことをいう人もいますが、えてして人は自分に対する評価は甘くなるものです。本人は3割と思っていても、他人から見れば1割ぐらいの出来かもしれません。

もっとも、仕事や人生が何割くらい自分の思い通りになっているだろうかなどいちいち計算する人なんていないでしょうけど、何かの問題に出くわしたときは「ままならないのが人生だ」と思い定めておくといいと思います。

そんな前提でいれば、問題にぶつかってもストレスに強くなるはずです。さらに逃げることなく正面から問題に取り組めば、よりよい結果につなげることもできるでしょう。

そもそも自分の思い通りにしようという発想には、出発点において、どこかボタンをかけ違えているようなところがあるように感じます。社会に生きている限り、人は一人で生きることはできないからです。

仕事は他人とキャッチボールをしながらつくっていく共同作業だし、日常の何気ない暮らしであろうと、そこには家族をはじめ、さまざまな人が関わっています。

たとえ孤独な一人暮らしであっても、その人の人生には無数のさまざまな人がからんでいる。社会のなかで人がつくったモノや食を手に入れて暮らしていくことは、それだけでいろいろな人と直接、間接に関わることになります。

すなわち、どんな立場の人であろうと、人と関わらずに生きていくことは不可能なのです。それを考えると自分の思い通りにしようとすることは難しいのが当たり前であり、何でも自分の力でやっていると自負する人は、どこか傲慢な匂いすらするものです。

思い通りにならないと嘆く暇があるのなら、さまざまな人との共同作業によって仕事や人生が成り立っていると思い、感謝する。そんな気持ちを少しでもいいので、常に持っていることが大事だと思います。

仮にあなたの人生が反対に何もかも思い通りになったとしたら、あなたは心から満足するでしょうか。

そうなったら、きっとあなたは満たされるどころか、退屈を覚えると思います。そんな人生は面白くないからです。障害や苦労があっても、それを乗り越えてこそ、達成感や心からの満足が得られるものではないでしょうか。その意味では、思い通りにいかないからこそ、人生は面白く、また生き甲斐も生まれてくるのだと思います。

「最後」を意識すると、今日が変わる

最後の晩餐《ばんさん》は何にしますか。著名人にそんな質問をする週刊誌の特集記事を見たことがあります。

私なら毎日食べている白いご飯に生卵と醤油、お漬物と味噌汁だけの食事を望みます。最後だからといって豪勢な料理を食べたいとは思いません。もっとも私だけでなく、特別なものを食したいという人は意外と少ないのではないかと思います。

多くの人は最後に味わいたいものとして、これまでの人生を振り返って一番心に残っ

ているものを選ぶような気がします。それは母親がつくってくれた味噌汁だったり、毎日食べているホカホカのご飯だったり。件《くだん》の週刊誌における著名人たちの回答もそんな枠におさまったものが少なくなかったように覚えています。

最後の晩餐の問いに近いものとして、人生最後の一日、あるいは最後の一週間に何をするかという質問をここで考えてみようと思います。

あなたなら今日が最後の一日なら何をしますか。

私ならやはり、最後の晩餐と同じで、ふだんと変わらぬ一日を望むと思います。最後だからといって、いままでしたことがない貴重で珍しい体験をしたいということはない。

いつもと同じように早朝に起きて、近くの公園を散歩し、軽く朝ご飯をすませ、仕事をしていなければ、好きな本を選んで読む。ときどき休憩をしてお茶をゆっくり飲んだり、ボーッとしたりする。そんなふうにして一日を終えるのではないかと思います。

これが一日ではなく、一週間だったらどうするか。

一週間でも基本的に変わらないと思います。ただ時間の余裕が一日よりはあるので、これまでお世話になった人に順番に会って御礼をいうかもしれません。

最後の晩餐であろうと最後の一日であろうと、いつもと変わらぬ日常の延長でいいと思うのは、何気ない日常、凡庸《ぼんよう》に思える日常が、実はものすごく非凡なものだということを意味しているのではないでしょうか。

ふだんわれわれは日常のそうした面になかなか気づきませんが、この世に生を享《う》け、生きた時間を過ごしていることは、奇跡的な確率で起こっていることだと思います。

「今が大事」ということはよくいわれますが、言葉だけではピンとこなかったりします。ですから「最後の一日をどう過ごすか」、つまり「最後」を意識して、自分の人生を見つめてみるのはいいことだと思います。

そうすれば切実に「今」という時間を見つめることができます。それによって何気なく過ごしている「今」の大切さを、心から感じることができるはずです。

第二章　ＡＩ時代の「生き方」の作法

AIは人間の可能性を浮き彫りにする

ＡＩがこのまま進化すると人間の知性を超える日がくるという説が唱えられるなど、ＡＩをめぐってはかまびすしいほどの議論がされています。

ＡＩは人間がやる仕事を片っ端から奪い取る悪魔のような存在だという意見がある一方、労働はＡＩに任せ、人間の大半は政府が保障するベーシックインカムで自分の好きなことをして暮らす社会になるとポジティブに夢を語る人もいます。

ＡＩの知性は、たしかに近年著しく進歩しています。車の自動運転を可能にしたり、人間と会話ができるロボットが開発されたり、さまざまな分野で実用化が進んでいます。将棋や囲碁の名人と試合をしてＡＩが勝利したというニュースは、ＡＩはそんなにも進化したのかという感想を多くの人に抱かせたと思います。

ＡＩには膨大なアルゴリズム（解に至る手順）がプログラムされているわけですから、ＡＩがここまで進化すれば、生身の脳に対して優位になることは想像できます。

ただし、AIが優秀だといっても、それは二進法をベースとする「量」の計算においてです。現実世界の微妙に変化する「質」をAIはとらえることができません。

たとえば、人間の「心」や「情熱」といったものは、記憶力や分析力ではなく、人間の感情や感覚の世界に属します。ですからAIには「心」や「情熱」といったものは、いまの段階ではわからないわけです。

あるいは、人間の脳は「疑う」ことができますが、この「疑う」ということはAIにはできません。「疑う」という思考はとても重要なもので、「疑う」からこそ、人類はさまざまなものを発明したり、危険から身を守ったりできるわけです。デカルトが「我思う、ゆえに我あり」といったように、「疑う」ことは人間を人間たらしめるものです。

AIの進化は逆に人間にしかないもの、人間にしかできない可能性を大きく浮き彫りにしてくれるのではないでしょうか。人間が人間らしく生きていくにはどうすればいいか？　そんな根源的な問いをAIはわれわれに突き付けているのです。

AIを技術的に掘り下げていくことが、さまざまな可能性を広げることになる点は否定しませんが、大事なことは、AIや機械にできることとできないことをしっかり峻別《しゅんべつ》しておくことです。

ＡＩをいたずらに脅威ととらえる必要はないと思います。人間にしかできないことと
ＡＩができることとをバランスよく共存させ、あくまでＡＩは人間の可能性を広げていくためのツールとして存在する。心を動かし、情熱をもって前に進み、成長していける仕事をＡＩがサポートする。そのようにＡＩを人間社会のなかで巧みにデザインしていけばいいのです。

これからは、そんな労働環境や社会について議論し合いながら、われわれの生活を構築していく必要があると思います。

心はどうすれば強くなるか

「心はどうすれば強くなりますか」。取材などでそんな質問をたまにされることがあります。

質問者はまるで体を鍛えるのと同じように、心にも鍛え方があるのではと考えている

節があります。

しかし、こうすれば心が強くなるなどといった単純なマニュアルはどこにもありません。

そもそも心とは何？ 心はどこにあるの？ それすらもはっきりしていません。近代以前なら、心臓のあたりに心があると思っていた人もけっこういたことでしょう。

いまでは脳神経の複雑な動きによって心という現象が起こることがわかっていますが、その脳の活動だって、手や足など体のさまざまな部位の動きや血液の流れといったものと密接に関係しています。

そうすると独立した脳だけを取り出して、これが心をつくっているとはいえなくなる。つまり生命活動のすべてと心の動きは、オーバーラップしているともいえるわけです。

となると、体を鍛えることもまた心を強くするといえそうですが、体を鍛えている人を見ていると、必ずしも「文＝武」ではないことがわかります。

ただ、漁師や農家の人のように、主に体を使って仕事をしている人を見ていると、都会の人間にはない心の強さもあるのはたしかです。それは厳しい自然を相手に、それこそ地に足をつけながら一生懸命に仕事をしていることからくるのではないかと思います。

仕事や生活のなかで疑問が湧《わ》いたり問題が起これば、それを自分の頭で考え、体を動かさなくては解決しない。ぼんやり見過ごしたり、人任せにしたりすると、命の危険にさらされたり、生活が丸ごと崩れてしまう重要な問題も少なくないでしょうから、気がなかなか抜けない。都会人にはない強さが彼らにあるとすれば、日々のそうした繰り返しが、彼らをタフにしているのだと思います。

自分で強いと思った瞬間、弱くなる

ネットでたくさんの情報を仕入れ、本を読んで知識を蓄えても、それだけで心が強くなることはありません。やはり、生きていくなかで疑問や問題にぶつかったら、自分の頭で考え、解決して前に進む。そうやって幾度も幾度も考えたり体験したりすることによって、人は強くなっていくのではないでしょうか。

ただし、どういうことを考え、具体的にどんな経験を重ねると心が鍛えられて強くなるというマニュアルはありません。必要なのは、常に自分なりのベストを尽くすことです。

私はアメリカ駐在時代に24時間フル稼働といってもいいくらい働いていたことがありました。

それこそ週末の休暇もとらず、毎日寝て食事をする以外はすべて仕事で埋まっている状態でした。時差の関係で早朝は欧州とやりとりをし、夜は日本が相手。お酒と睡眠不足で体を酷使しながら仕事をしていることもしょっちゅうでした。このときの経験で「俺は仕事量では誰にも負けない」と思えるほどの自負心を持つようになりました。

仕事や人生にはトラブルがつきものですが、そんなトラブルもまた心を鍛えてくれます。問題が起きたときに逃げたりせず、解決しようと努力をし続けることは、心を強くすることにつながります。

どんなトラブルに対しても真正面から力を尽くして取り組めば、必ず心は鍛えられるのです。

かといって、面倒な問題をいろいろ経験したり、あるいは仕事でベストを尽くして頑張ってきた人が「俺は仕事でさんざん鍛えられた。だから強い」などと思ったら、そこでお終《しま》いです。強いと思った時点で夜郎自大《やろうじだい》の自負心となり、その人の心の成長は止まるのです。

そもそも心の強さをはかる目盛りなど、どこにもありません。物理的にここから先の状態は強いとか、これより下は弱いといった尺度は存在しません。心は形もなければ、質量もありません。だからこそ、心を鍛えたり、強くするといったことには際限がない。ただ心の強さというものは、何かあったときに自分のなかでしっかりした手応えとして感じるものです。

たとえば、それは、納得がいくまで力を尽くして事にあたったときに生まれる、心の強さ。そして、どんな状況においても、平常心を感じられるときではないでしょうか。日々、できうる努力はとことんする。そんな繰り返しが心を確実に鍛え、強くしてくれることは間違いありません。

「不安」が消えることはない

最近とくに景気がパッとせず、先行きが不透明なせいもあって、不安を訴える人が増えているようです。しかし、将来の見通しがよくないからといって、それだけで不安が増すわけではないでしょう。

不安は生きている限り、どんな状況であろうとも、なくならないものです。

傍《はた》からはものすごく幸せそうに見えていても、人は誰でも何らかの不安は抱えているはずです。われわれは、幸せであること自体に不安を懐《いだ》くこともあります。なぜならいまの状態が永遠に続くことはありえず、いつか幸せを失うことだってありうるからです。

不安を打ち消そうと努力をして、その不安が消えても、また別の不安が次から次へと生まれてくる。しかし、そんな不安と闘うことで人は成長します。不安は人を前に動かす大きな力になるのです。

人は真面目に仕事をし、真剣に生きようとすればするほど、不安の数も増えます。不安が2つのこともあれば、3つ、4つのこともある。ですから不安が湧いてくるたびに、いちいち「大変だ」とおろおろしても仕方ありません。

不安に感じることが起きても、そこから目をそらしたりしてはいけないと思います。不安から逃げれば、不安は一層大きくなるものです。

とてつもなく大きな不安であれば思わず逃げ出したくなるものですが、そういうときほど不安と向き合って、むしろ「北風に負けてたまるか」の強い心で、不安の懐に飛び込むような気持ちを持つことです。

不安から逃げれば、不安は追っかけてくるものです。不安は正面から向き合ってくれるのを待っているのです。勇気を出して一歩踏み出してみてください。きっと不安の姿は小さくなるはずです。

かつて勤めていた会社の経営が大きく傾き、倒産の危機に瀕《ひん》したとき、陣頭指揮をとっていた私は、巨額の不良債権の一括処理を銀行や声なき声の強い反対を押し切って進めました。

下手をすれば投資家からは見放され、社員やその家族が路頭に迷うかもしれないという地獄の一丁目にまさに立っている状態でした。

その決断をするまでの数週間、私は食べたものを何度も反芻《はんすう》する牛の胃袋を頭のなかに持っているような心境でした。非常に大きな決断でしたが、不良債権という大きな不安は一気に取り除かなければ、さらに取り返しのつかない大きな危機に直面することになる。

この後ろ向きの事業の決断と、将来に向けての新しい事業への挑戦と投資という両輪の決断を迫られました。

問題が生じたときは、そこから目を背けてはいけない。日々自らのベストを尽くし続けることです。失敗したとしてもそれが自分の努力の結果であれば、それが自分の実力なのです。それが勝負をかけるということであり、心をも強くするのです。

問題があればこそ、人生です。問題がなければ、それは生きているとはいえない。北風は自分を前へ進めてくれる熱源のようなもの。そう思って問題を否定的にとらえるのではなく、逃げない決断をすると、心が強くなるような実感が湧くものです。

将棋の羽生善治《はぶよしはる》さんや京都大学アメフト部が全日本で二連覇を成し遂げたときの監督、水野彌一《やいち》さんと話したとき、勝負で平常心を保つにはどういう心がけをされているのか、うかがったことがあります。

すると「日常の生活で、もうこれ以上はやれないというところまで、一生懸命にやり尽くすことです。そこまですれば、本番ではいい意味で開き直れます」という答えが返ってきました。

つまり、「これ以上はできないというほど日々の努力を尽くせば、たとえ勝負に負けても、それが自らの実力なのだから思い残すことはない」ということです。「やれるだけのことをやったのだ」という心境になれば、勝負に対する不安は消え、平常心をもって臨めるのでしょう。

反対に、まだやり足りないことがある。あれもこれもやっておけばよかったと心に残している人は、不安な気持ちで本番に臨むことになります。学校の試験でも取引先に行う重要なプレゼンでも、ベストを尽くした準備をしていなければ、うまくはいかないでしょう。

不安に勝つには、常にベストを尽くすことしかありません。これだけ努力をしたのだからこれ以上はできない。あとは神か天に委ねる他ないという達観こそが、不安を乗り越えていく底力になるのです。

人間が完全に理解し合えることはない

「話せばわかる」といういい方があります。敵対している相手でも腹を割ってとことん話し合えば、誤解が解けたり、互いのことを理解できたりするという信念を持っている人はたしかにいます。

しかし、現実は「話してもわからない人」が大半だと思います。かくいう私だって相手から見れば、「話してもわからない人」だと思われていることがきっとあるはずです。すなわち、人間は100パーセント理解し合うことなどありえないのです。互いに自分の考えや思いを可能な限りさらけ出せば深く理解し合える、などというのは美しい幻想です。

どんなに仲のよい友だちであろうと、長年一緒に暮らしている家族であろうと、わからない部分は絶対にある。理解しているつもりでも、心の奥深い部分までは絶対にわからない。だから人間は面倒くさくて難しい。そのくらいの心づもりで人とは向き合ったほうがいいと思います。

そうでないと必要以上に期待をして、失望することになりかねません。

考えてみれば自分のことだって、よくわからない部分はたくさんあります。想定外のことを経験し、こんな醜い感情や思いが自分のなかに潜んでいたのかと驚いたことは誰しもあるでしょう。

意識にのぼっていることは自覚できても、無意識に抑え込んでいるものについては、ふだんその姿を目にすることはありません。たまにひょんなことでそれが顔を現し、「えっ」と驚愕《きょうがく》したりするわけです。それが人間というものです。

自分のことですらそうなのですから、ましてや他人の心など、もっとわからないことが多いのは当然といえば当然です。

「不可解なもの」をたくさん抱えているのが人間です。「不可解なもの」がいっさいない、神のような純真無垢《むく》な人間なんて、この世に存在しえません。

信頼していた人の嫉妬《しっと》や卑劣さを目のあたりにして「生きるのがいやになった」と思った経験は誰にでもあるでしょう。しかしながら、嫉妬や冷酷な面を持たない人間はいないのです。

経済的合理性や効率といったことが重んじられるいまの社会に生きていると、そのような不合理な存在である人間まで合理的に解釈しようとする人が増えるのかもしれません。

しかし本来、人は複雑怪奇で不可解な存在であるという前提に立つほうが、人間関係の軋轢《あつれき》やトラブルといったものは少なくなり、より頑健《がんけん》な人間関係も築けるのだと思います。

怒りは抑えるべきか

年を取ると、怒りっぽくなる人が増えるといわれます。スーパーのレジの対応にキレたり、電車のシルバーシートにどっかり腰をおろしている若者を叱りとばしたり、最近はキレる高齢者の話がテレビや雑誌でよく取りあげられます。

加齢とともに怒りっぽくなるのは、脳科学的にはきちんと説明できるといわれています。怒りの感情は脳の大脳辺縁系でつくられるのですが、それを抑制するのが前頭葉です。ところが年を取ると前頭葉の機能が衰え、そのストッパーの役割が十分に果たせなくなるようです。

また高齢者は耳が遠くなったり、他人の話がうまく理解できなくなったりするので、コミュニケーションに齟齬《そご》をきたすこともあります。それが感情の爆発につながることもあるでしょう。

怒りっぽくなるのは、そんな身体機能の衰えからくることだけが原因ではありません。スマホやパソコンが普及し、消費行動や人との付き合いがＩＴ化の環境によって大きく変わってきていることも、それについていけない人たちにとってはストレスです。

さらに若者の高齢者に対する接し方が昔のような長幼《ちょうよう》の序《じょ》的な感覚とは違ってきていることも、ときには腹を立てる要因になるかもしれません。

つまり、怒ることに対し、高齢者はいろいろな意味でそのハードルが下がっているといえます。もちろん理不尽な怒り方はよくありませんが、少なくとも加齢とともに怒りやすくなる条件を背負っていることに自覚を持つのは、いつの時代でも大切なことだと思います。そんな自覚があれば、自分を客観的にとらえられ、感情をコントロールしやすくなるからです。

もっとも高齢者に限らず、現代社会には怒りの感情をためている人がとても増えているようです。

アンガーマネジメントなる怒りをコントロールする方法を伝授するセミナーが流行《はや》ったり、内から湧いてくる怒りの感情にどう対処すればよいのかといったテーマの本もよく売れています。

ただ、勘違いしてはいけないのは、怒りに関して問題なのは、怒り方や何に対して怒っているのかという内容であって、怒りの感情そのものが悪いわけではないということです。

どうでもいいような些細《ささい》なことで人に感情を暴発させたり、ストレスがたまって当たり散らしたり、自分勝手な理由で怒るのはもってのほかですが、何らかの不正義を見て怒ったり、理不尽な目に遭って怒るのは、人として当然のことです。

自然界の生物は危機に出くわしたときに感情が高ぶって身構えたりしますが、これは自らの生命を守るための本能から出た行動です。人間にもそれと同じレベルの感情というものがあるはずです。そうした類いの感情は抑えたりせずに、むしろきちんと外に出したほうがいいのです。

感情の高ぶりはどのようなものでもよくないもの、非理性的なものとしてしりぞけたり、コントロールしなくてはいけないと考えていると、人間らしさが失われていきます。

最近の人は自分の視野に入る範囲の狭い世界のなかでイライラしたり、感情をぶつけ合ったりしていることが多くなっているように感じます。平たくいえば、同じ怒るなら、もっと大事なことがたくさんあるじゃないかといいたくなる。政治でも経済でも日本の社会はさまざまな問題が山のように積もっていますが、どうしてそうしたものに怒りの矛先《ほこさき》を向けないのかと、老婆心ながら思ってしまいます。

ところで、ふだん不必要に怒らないようにするには、他人に期待したり頼りすぎたりしないようにすることが一番です。

自分がこの世に命を授かったこと、直接、間接に自分を支えてくれてきた無数の人たち、自然……そうしたものへの感謝の気持ちをいつも持っていれば、他人のせいにしたりせず、心が穏やかになってイライラした気持ちは減るはずです。

以前ある宗教団体のリーダーの対談を目にしたことがありますが、その方は自分に起こるどんなことに対しても「ありがとう」といっています、とおっしゃっていました。たとえ車に轢かれて怪我をしても「ありがとう」、人から悪口をいわれても「ありがとう」といわれるのだそうです。

私は不幸な出来事にまで「ありがとう」などとはとてもいえませんし、理不尽なことや正しくないことには敢然と立ち向かって怒るほうです。

ただ、こうした感謝の気持ちをふだん見落としがちな小さなことにも向けるのは、努力しなくてはできないことでしょう。

怒りも感謝も、人をとても人間らしくする感情です。どちらか一方に偏らず、車の両輪のようにうまく使っていきたいものです。

悪いものも、逆から見ればよいものになる

人の長所、短所というものは、アングルを変えれば長所が短所になり、短所が長所になったりするものです。

ある仕事でマイナスと感じるものでも、他の仕事から見るとプラスになることもあります。また、性格でマイナスと感じる部分が、ある状況においてはプラスになることもあります。

鈍感な人は、細かいことに気づかないゆえにあまりくよくよしたりすることもなく、ストレスがたまらない人生を送れるかもしれません。優柔不断な人は裏返せば慎重だし、自信がない人はその分謙虚で努力し、短気な人は決断が早かったりもします。

どんな短所でも反対から見れば長所にもなりえたりするので、短所は悪いと決めつけ

ずに自分の強さにするなど、見方を変えて、いかにうまく付き合うかが大事です。

勝手に短所だと決め込んで人を評価したり、仕事の能力を判断すると、相手のいい部分を見落としかねません。


生産性がもっとも重要視される会社組織のようなところでは、社員の価値評価を下す尺度が一律になりがちです。

仕事をテキパキやって高い成果を上げる社員は評価が高くなるし、仕事が遅く結果もあまり出さない社員はどうしても評価が低くなる。では結果をさほど出さず、会社への貢献度が低そうに思える社員は、会社にとっては役立たずの存在なのか。


「働きアリの法則」というものがあります。ご存知の方も多いでしょうが、働きアリの集団は、よく働くアリ、ときどきサボる普通に働くアリ、ずっとサボっているアリ、それぞれの割合は2：6：2であるという法則です。

面白いのは、①このなかからよく働くアリを間引くと、残りの8割のなかの2割がよく働くアリになる、②よく働くアリだけを集めても一部がサボり始め、2：6：2の割合となる、③サボっているアリだけを集めると一部が働き出し、やはり2：6：2の割合になることです。

この法則は会社組織など人間のコミュニティにもよくたとえられるのですが、実際、私も会社組織を見ていると、この法則が当てはまることが多いと感じます。

仕事をばりばりやって生産性が高い社員が2割、普通に可もなく不可もなく仕事をこなすタイプが6割、そして会社にたいして貢献をしていないような社員が残りの2割。働きアリの社会とだいたい似た割合になっていくものです。

アリの社会においては、サボっているアリもコロニーを維持していく上で実は欠かせない存在だといわれています。それと同じで、会社においても、組織全体で見ればあまり貢献していないように見える社員でも、大局的に見れば、組織を健全に維持していくための潤滑油の役目を果たしているのかもしれません。

会社への生産性は高くないけれど、その人がいるだけで職場の雰囲気がなごみ、仕事がやりやすい空気をつくっているという人がいれば、その人は会社の生産性に陰ながら貢献していることになります。

ところが、このような人は数字などのデータに表れる現実的な生産性、効率性という評価尺度からはマイナスということになります。

こういうことは実際にはありえないことですが、もし職場が仕事がばりばりできる優秀な人ばかりでかためられていたら、熾烈《しれつ》な競争が繰り広げられ、皆疲弊してしまうに違いありません。

しかし、生産性という点ではいまひとつパッとしない社員がそこに何人かでもいれば、競争意識で充満した余裕のない空気は和らぐかもしれませんし、多少の優越感を一部の人々に与えるかもしれません。

そんな観点で見れば、仕事ぶりはいまひとつでも皆をなごませ、職場にいい空気をつくるような社員であれば、その人は本当は少しは評価されてもいいわけです。社員を評価する基準は生産性といった数字だけでなく、もっと多面的であってもいいのです。

短所の裏側にある長所にも目を向ける。自分の短所も人の短所も、その短所の置き場所を少し変えて眺めてみる。仕事に限らず、どんな人間関係においても、そのような複眼でとらえることは仕事や生き方を豊かにしてくれると思います。

第三章 人間としての「幸せ」の構造

目先の損得にとらわれるな

「損か得か？」という判断は、人が行動する際の重要な基準になります。こと経済至上主義の世に生きる現代人にとって、自分が関わることが損か得かということは非常に気になる事柄だと思います。

しかし、何が損で何が得かという結論は、目先の計算だけではわからないことも多い。「損して得とれ」というように、一見損な行動が回り回って得であることもままあります。

目先の小さな損得にいつもとらわれて行動するような人は往々にして、無意識のうちに大きな損をしていたりするものです。たとえば部下や同僚と一緒に食事に行った際、一切おごることをせず、周りからひどいケチという評価をされている上司がいたとすると、その上司はそれだけで人望をなくすことになりかねません。

人望がなければ部下は上司に積極的に協力しようとはしませんし、上司のために頑張って成果を上げようというモチベーションにもつながらないでしょう。

上司は毎回節約できて得したと思っているかもしれませんが、見えないところで大きな損をしているわけです。

何か問題が起こったときに部下に責任をかぶせる言動をとりがちな上司は、自分の評価が下がるという損を回避しようと思って、そういう行動をとっています。けれども部下をはじめとする職場の人間から見れば、上司のその行動はもっと大きな人間的なマイナス評価につながる結果を招いてしまうかもしれません。

この上司もまた自分の目先の得を考えるあまり、取り返しのつかない損をしています。

そんな上司とは対照的に、自分を犠牲にしてでも人のためによく動くタイプの人がいます。こういう人は進んで自分の得を捨てているのでしょうか。それは違うと思います。

たとえば、アメリカの企業経営者は会社の経営が傾いているとき、自分の年間報酬を1ドルにするというケースがけっこうあります。かのスティーブ・ジョブズもそういう時期がありました。かくいう私も役員報酬をゼロにしたことがありました。

このようなとき経営者は、会社を立て直すことに全エネルギーを集中しています。自分の報酬をなくしてまで会社に奉仕する姿は、従業員全員のために自分が犠牲になっているかのように傍には映ります。

しかし、将来において会社が立ち直ることは、経営者自身にとっても大きなプラスとなるわけですから、この無報酬ということは損する一方の自己犠牲とはいえません。無報酬という一時の損よりも、もっと大きな無形の得を意識しているかもしれません。

もちろん自己犠牲的な行為のなかには純粋なものもあります。電車が迫っているときに踏み切りで立ち往生してしまった老人を命がけで咄嗟《とっさ》に助けたりするような行為は、人間だけが持っている損得を超越したヒューマニズムといえます。何も立派な人だと思われたくてするわけではないのですから、これ以上に無私な行為はないでしょう。

気持ちのいい生き方をしているか

ではボランティアはどうでしょうか。

ボランティアは自己犠牲の精神に彩られていますが、それは純粋に相手のためだけの行動ではないと思います。相手が喜ぶことが嬉しいという自己満足的な気持ちがあったり、自分が社会に必要な存在であるという納得感を得たりと、ボランティアに携わる人にとっても無形のプラスの行為なのです。

金銭的に得か損かという数字の計算がない分、ボランティアにはとても人間らしいものがあります。金銭の損得の計算ばかりの人生は干からびて面白さも味わいも何もないものになりがちです。そんな生き方は、いくらお金の面で得をしても心貧しいものです。

損得勘定ばかりの生き方から離れるためには、楽しいかつまらないか、面白いか面白くないか、あるいは気持ちがいいかそうでないかという選択肢をたくさん自分のなかに取り入れることです。

楽しいかつまらないか、気持ちがいいかよくないかといった価値観で行動を起こすようにすれば、損得勘定だけの窮屈な人生からは解放され、心豊かな日々を過ごせます。

本当に楽しく生きているな、面白い人生を送っているなと感じる人は、お金がなくても憧れの目で見られます。実に気持ちのいい生き方をしているなと思う人は、見ていて清々しくなります。それは楽しく面白く、そして気持ちよく生きられる人こそ、最終的には、もっとも「心豊かな人生」だからではないでしょうか。

どんなに優れた人でも苦労や困難が伴う

何をもって幸福と感じるかは人それぞれですが、幸福の尺度には他人がどう思おうと自分はこれを信じているという絶対的なモノサシと、他人との比較において自分はあの人と比べていい悪いといった相対的なモノサシがあります。

どちらかというと、絶対的なモノサシより相対的なモノサシで幸福をとらえる人のほうが多いのではないでしょうか。

絶対的なモノサシで心から幸せと思える人は、貧しいとか、家族がいなくて孤独だとか、病気や障害を抱えているとか、世間の価値基準からすると恵まれていないように思われる環境にあっても、自分は幸せと信じられます。

一方、相対的な幸福感といったものは、他人と比べて優越感を覚えたり、劣等感を抱いたりと、常に相対的な他人との比較のなかで感じているはずです。

しかし、相対的に勝っているとか劣っているといったことはかなり表面的なことで、外側と内側ではまったく違うことともままあります。

たとえば、傍からは順風満帆に見える人でも、いろいろな挫折や失敗が過去にあったり、人にはいえない苦労や不幸を抱えていたりします。

私は最初から最後まで順風満帆な人生など、ありえないと思っています。生きることは基本的に困難や苦労がつきまとうものであり、そこから免れることは、どれほど優れた人であろうと不可能だからです。

仏教には、生老病死《しょうろうびょうし》という大きな苦しみに加え、愛別離苦《あいべつりく》（愛する人やものとの別れ）、怨憎会苦《おんぞうえく》（会いたくない人やものに会う）、求不得苦《ぐふとくく》（欲しいものが手に入らない）、五陰盛苦《ごおんじょうく》（肉体があるゆえの苦しみ）の4つの苦しみを加えた四苦八苦が、生きることにまつわる苦しみであると説いた真理があります。

この8つの苦のうち、2つの苦しかないとか、5つの苦しかないというような人はいません。いかなる人も、四苦八苦の原則から外れることは不可能です。

「あなたはいつも悩み事がないように見えますね」とよくいわれますが、滅相《めっそう》もないことです。私だっていろいろな問題に直面しているときは、こんな人間社会を飛び出して、どこかで一人暮らしでもしてみたいと、ふと思ったりすることもあります。

しかし、生来負けん気が強いせいか、しんどいことや面倒なことに出くわしても、「なにくそ、負けてたまるか」と思って、いつも凌《しの》いでいるのです。

人からどう思われようと、最終的には自分との闘いに勝つことが大切であり、悔いを持って人生を終わらせたくない気持ちが人一倍強いのかもしれません。

「お金持ちは幸せになる」は幻想

現代人が相対的な幸福の尺度としてよく使うのは、やはりお金でしょう。お金がない人がお金持ちの人を見ると、自分は恵まれていないとつい感じてしまう。ITベンチャーの若手経営者が贅沢三昧の暮らしをマスコミに喋《しゃべ》っていたりすると「羨ましいな」と思い、逮捕されたカルロス・ゴーン氏が庶民からすればとてつもない額の報酬を得ていたなどと知ると、妬みが混じった怒りのような感情が湧いてくる。

では、お金持ちというのはお金の量に比例して幸せかというと、けっしてそうではないようです。現実は往々にして違うものです。

ノーベル経済学賞を受賞した米国プリンストン大学のダニエル・カーネマン教授の研究によれば、年収7万5000ドルまでは感情的幸福が収入に比例して増えるものの、それを超すと幸福感は頭打ちになるそうです。7万5000ドルという金額は日本でいうと、物価や為替などを考慮すれば約800万円といったところでしょうか。

なぜ年収800万円を超えると、感情的幸福がさほど大きくならなくなるのでしょうか。いくつかの理由が考えられます。

経済的な厳しさから生活のことを常に考えなくてはならないレベルの収入であれば、幸福度はおそらく低いでしょう。どうやって食べていこうか。家族をちゃんと養い、子どもにもしかるべき教育を受けさせることができるのだろうか。などなど、いつもお金のことを心配しなくてはいけない状況にあれば、必然的に不幸な気持ちが芽生えてくるかもしれません。年収が800万円を超してくれば、そんな煩しさが減ってくるということなのでしょう。

もう一つの理由としては、800万円を超してくれれば、将来への安心感は別として、お金によって得られる生活の喜びが小さくなるからだと思います。

800万円より年収が下のときは、それが上がっていくにつれ感情的幸福は増します。欲しかったものが買えた。お金に余裕ができて年に何度か家族旅行が実現した。そんな喜びを味わう機会が、年収が上がるのに比例して増えていくわけです。

ところが、喜びを与えてくれる体験や消費であっても、収入が増えることで何度も経験できるようになると、満足度は下がっていくものです。これはよくたとえられる例ですが、ビールは1杯目がもっとも美味《おい》しくて、2杯目、3杯目と進むにしたがって美味しさが減るという「限界効用逓減《ていげん》の法則」です。

大阪大学の行動経済学の研究グループも幸福度と収入の関連を調べていて、それによると幸福度の相関曲線は年収500万円が分岐点になるそうです。500万円までは相関曲線のカーブは鋭角的に上昇しますが、それを超すとぐんと緩やかになり、年収が1

500万円を超すと今度は逆に下がっていくということが報告されています。

ここで興味深いのは、年収が1500万円を超すと、幸福度がむしろ下がってくることです。それは収入が多いこと自体が、心配の種になるからだと思います。

つまり、お金やものをたくさん持っていると、今度はその生活水準を保ちたい、そこからレベルが下がるのが怖いという不安感情を持ち始めるのです。

脳科学では、人は一度手にしたものを失うことに本能的に強い苦痛を感じるそうですが、そのこともまたお金の不安感情の背景になりそうです。

また収入を増やすには仕事をそれだけ一生懸命にしなければなりませんが、その分、家族サービスや健康、趣味の時間や自由といったものが犠牲になります。

仕事によって得る報酬と犠牲になるもののバランスが悪ければ、これだけ稼いでいるのに割に合わないという気持ちになります。そうなると、たとえ年収が多くとも幸福度は下がるわけです。

年収の多寡《たか》が幸福度と比例しないというこれらの研究報告を見ると、お金持ちは羨ましいと思うことには錯覚があるように思われます。お金持ちなりの苦労を見ずして、お金という結果だけを見るからそうなってしまうわけです。

世界で1、2位を争う資産家、マイクロソフトのビル・ゲイツやアマゾンCEOのジェフ・ベゾスと、いまだ文明社会との接触を拒んでいるアマゾン奥地の先住民族の人たちの幸福度を比べたら、果たしてどちらが上かわかりません。

お金がありすぎることからくる苦労をたくさん抱えているであろうアメリカの大富豪よりも、アマゾンの先住民族のほうがおそらく幸福度は高いのではないかと私は思います。

人はつい他人と自分を比べて、恵まれているとか不幸だとか思いがちですが、多くの場合、視界に入ってくるある部分だけを切り取ってそう判断しているわけです。ですから、こうした相対的な比較からくる幸福度の強弱ほど、当てにならないものはないのです。

「足るを知る者は富む」の本当の意味

貪欲に己の利得ばかり追い求めてやまない現代人を戒めるものに、老子がいったとされる「足るを知る」という言葉がしばしば取りあげられます。

人を知る者は智《ち》なり、自らを知る者は明《めい》なり。
人に勝つ者は力有り、自ら勝つ者は強し。
足るを知る者は富む、強めて行う者は志有り。

「足るを知る者は富む」という意味合いで、それを平たく解釈して「身分相応に生きろ」といったニュアンスで使われることが多いようです。しかし、老子はもっと深い意味でいっていると思います。

「人を知る者は智なり、自らを知る者は明なり。人に勝つ者は力有り、自ら勝つ者は強し」は、人を知る者は知恵があるが、自分を知る者はもっと聡明である。人に勝つ者は力があるが、自分に勝つ者は真に強い、というふうに読めます。

その上で「足るを知る者は富む、強めて行う者は志有り」という言葉があるわけです。

すなわち足るを知り、志を持ったよい生き方ができるには、己をよく知り、己に勝たなくてはいけない、ということです。

ですから、自分のことを知らず、己に勝つ強さもない人に、いきなり「分相応に生きろ」といったところで、それは不可能な話なのです。

自分は本当のところ何を望み、何を求めているのか？　どういう状態であれば、心は本当に満たされるのか。などなど、自分をよく知らなくては「足るを知る」ことなどできないわけです。

本心から自分が望むことをすれば、人と比べなくなる

人はつい他人と比べてものごとを判断したり、欲望を方向づけしたりします。あんな贅沢がしたいとか、あんなふうに人から賞賛されたいとか、財産や地位といった目に入るものに基準を求めてしまう。しかし、それではいつまでたっても、「足るを知る」ことはできません。

「足るを知る者は富む」になるには、有形ではなく無形のものに目を向ける必要があり

ます。他人と比べることで優劣を感じるのではなく、本心から自分が望むこと、やりたいことを見つめるのです。そうすれば、人と比べることは自然となくなります。

そして心の内側にあるものをさらに突き詰めれば、自分がいまここにいるという源にあるもの、すなわち生命というものにいきあたります。

生きていること自体がどれだけ有り難いことか、われわれはそのことになかなか気づきません。ふだん、食事をしたり、仕事をしたりすることは当たり前のことのように思っていますが、それは命があるからこそできるわけです。生きていなければ何もできない。

たとえば、手の骨を折って手が使えなくなれば、ふだん意識もせずに使っていた手の機能がどれだけ有り難いものかを感じます。

病気になって長い間寝たきりの状態になれば、普通に体を動かして生活することが、どれほど有り難いかがわかります。

ですから、この世に生を享け、存在しているということは、それ自体とても有り難いことだと知ることです。毎日食事をしたり、家族や友人とお喋りをするといった当たり前の日常生活が送れることは、宇宙や地球の長い時間と歴史を考えれば、実は奇跡のようなことなのかもしれません。

足りないものを数えるのではなく、すでにあるものを再発見して深く感じ、味わう。そんな視点から自分をいま一度見つめ直す。そうしたことの積み重ねにより、少しでも「足るを知る者は富む」の心境に近づけるのではないでしょうか。

人に期待をするほど生きづらくなる

先進諸国や日本はかつてないほど物質的に豊かな社会を実現してきました。そこそこのお金さえあれば、欲しいものはたいがい手に入るし、その気になれば快適な生活を送ることもできる。しかし、その一方で心が常に満たされないという生きづらさを訴える人も増えています。

そんな生きづらさに拍車をかけているのが、「期待の心理」です。

期待というのは平たくいえば、人に絶えず何かを依存し、期待する気持ちです。自分が人に何かをしたり与えたりするのではなく、人に依存し、甘える方向に気持ちがいく。

そんな人がいま、とても多くなってきている気がします。

人への期待が大きければ大きいほど、必然的に不満は膨らみます。そもそも自分でさえはっきりしていないことが多いのに、期待通りに人が動いてくれることは、まずありません。

上司が動いてくれない。部下が思うような結果を出さない。奥さんが同じ料理しかつくらない。親は叱ってばかりで褒めてくれないなどと不満を募らせる前に、自分は何を目標にしているのか。誰に、社会に、何を期待しているのか。少しははっきりしておくことが第一です。自分のことはまず自分で行う。人に依存しないことが第一です。目標や期待は常に裏切られるものでもあるからです。

勝手に期待して相手がその通りにやってくれないと、喧嘩《けんか》の原因にもなったりもします。夫婦喧嘩なんかはたいがい、相手にこういうことをしてほしいと望んでいるのに、そうならないという期待外れから起こることが多いようです。

私は人にあれこれ依存しないようにしているので、取り立てて不満を持つことは少ないのですが、相手はたまに私に不満があるように感じ取れることがあります。でもそういうときは、内心うるさいなと思いながら、反論しても仕方ないので「ふんふん」と頷《うなず》きながら、とりあえず聞くことにしています。そうやって流すような気持ちを持つことも、ちょっとした生活の知恵というものでしょう。

自分自身に対してだけでなく、他人にも期待はあまりしすぎないほうがいいとはいっても、ある程度期待を求めるのは自然なことだし、それがいい結果をもたらすこともよくあります。

部下がいい仕事をしたら、上司は「こいつ、やるな」と思って期待をしますが、その期待が部下のモチベーションを上げることもあります。このように期待がいい循環を生むように工夫をすることは大事です。

過度な期待は禁物ですが、程よい期待をかけることがいいキャッチボールになる可能性があるなら、そのことを相手にさらっと伝えてもいいのです。

ただ、その期待が、過剰にならないようにすることです。期待したら、あとはそのことを忘れる。そんな感覚を持つのもいいでしょう。

また、相手に何かを望むのであれば、その前に自分でできることはないか確認することも大切です。もしできることがあるなら、可能な限り自分でやるようにすることです。そんな努力もせずに相手に期待すれば、それはただの依存になってしまう。

その結果、自分の思い通りにいかないと、何でも人のせいにする人が増えていきます。とくに一人っ子の多い世代になってから、その傾向は強いように見受けられます。

実力を発揮できないのは会社が悪い。上司が協力してくれないからプロジェクトがスムーズに進まない。悪いのは会社だ、上司だ、部下だ。そんな考え方をする人は「くれない症候群」と呼ばれています。

うまくいかない原因が周りにあるというのは、自分に対する言い訳だと思ったほうがいい。思うような結果が出なかったのは自分に原因があるのでは、と謙虚に自問しなくては、人間は成長できません。他人ではなく、まずは自分を変えていく。「くれない症候群」から抜け出すには、そんな心がけが必要です。

人間には「人を喜ばせたい」という本能がある

いつも期待ばかりしている人は依存心が強いわけですから、自分で人生を切り開くことで摑む幸せとは無縁です。

もし期待や依存の生き方をやめようと思うなら、まずは自らできる努力を精一杯することです。

それと同時に大切なのは、人から何かをもらうこと（take）より、与えること（give）を心がける生き方を選ぶことです。

相手が喜ぶ顔を見たい。家族が喜ぶ顔を見たい。多少しんどくても自分が何かをすることで周囲の人が喜んだり、幸せになるなら、それをやった当人にとっても、非常に幸せなことです。

人間は本来、他の人を思いやったり、相手のために何かをしてあげることに喜びを感じるという、貴重な感情を誰もが同じように持っているはずです。

チンパンジーやゴリラにも仲間のためにそのような行動をとることはあるのかもしれませんが、何千キロと離れたところに暮らしている見ず知らずの他人に共感したり、その人のために自己犠牲的なことを行うなどといったことは、人間にしかできないことです。

人を助けたり、誰かのために何かをしたときに喜びを感じるのは、助け合わないと生きていけない生物であるゆえ、おそらく本能のようなものとしてプログラムされているのだと思います。

心理学の専門家などによると、人は2種類の目標を持つとよいといいます。一つはこういうことを実現したいという「become」の目標。もう一つはこういう人間になりたいという「being」の目標です。

「become」の目標は学生であれば試験の点数、ビジネスマンであれば売り上げや利益の数字、アスリートであれば記録といったものになります。しかし、「become」の目標だけを持ってやっている人はその目標を達成しても、その後が続かないそうです。

自分は人としてこういう存在になりたい、こういう生き方をしたいという「being」の目標を同時に持っている人は、「become」だけの目標で進む人と比べて、伸びしろがまったく違ってくる。

「become」の目標だけであれば自分のことにしか目が行きませんが、「being」の目標を持つと、自分が社会のなかでどのような存在でいたいかという、一段上の次元にベクトルが向かいます。

ですから「being」の目標を突き詰めていけば、人や社会のためにどう自分が役に立つかという思いや発想が自然と湧いてくるのです。

このような話をすると、では社会や周囲のために自分を生かすことのできない立場にいる人はどうすればいいのか？　と思われる方もいるかもしれません。

たとえば介護を受けている老人であれば、人からしてもらうばかりで自分からは何もできないではないかと寂しく残念に思うこともあるでしょう。

しかし、そんなことはありません。介護を受けている老人は、介護をしてくれる相手に「ありがとう」という言葉を贈ることができます。

「ありがとう」は相手の存在に対する感謝であり、その人を生かす最高のものではないでしょうか。

ですから、体を動かして人のために何かができなくても、「ありがとう」の言葉があれば、それだけで相手に大切なものを与えることができるのだと思います。

私利私欲に走りすぎる人の末路

カルロス・ゴーン氏は私利私欲に走りすぎてしまったようですが、十分にお金を持っているのに「もっと、もっと」と際限なく多くのものを望む欲望のあり方は、ゴーン氏に限った話ではありません。一方で、お金至上主義を極めて本当に幸せになった人はどれほどいるのでしょうか。

拝金主義が行き過ぎた感のあるこの商業資本主義社会においては、こうした欲望は、それこそスケールの差こそあれ、きっと無数にあるのでしょう。

資本主義社会は構造的に利益をあげることを目標とする社会ですから、貪欲に自分の利得を追い求めるタイプの人が大量に生まれるのは必然のことです。

しかし、こんな風潮のなかで生きていると、損得の計算という間尺《ましゃく》ばかりに振り回され、人間としての心そのものを失っていきます。

自分が努力して手にしたお金やモノは手放したくない。それらを得る過程ではさまざまなことを犠牲にし、苦労もしたわけだから、得たものを人に譲ったり、与えたりすることなど考えもつかない。自分の得ばかり求め続ける人は、そんなふうに感じているのでしょう。

人に与えることや譲ることをしない私利私欲型のタイプが増えれば、どうしても社会はギスギスした心貧しい空気に覆われてしまいます。

ところが田舎などに行くと、いまだに交換経済で支えられているような地域がたくさんあります。

小さな島では漁師と農民がそれぞれ獲った魚と野菜を交換し合ったり、収獲の多い漁師が少なかった漁師に自分のものを分け与えたり、といった原初の互恵型社会の感覚が根づいているところが多々あります。それは人と人との関係が密な共同社会だからこそ可能なものだともいえます。

しかし都会の生活においては、過干渉やお節介は余計なお世話だという声も少なくありません。しかし、人間は社会的動物であり、お互いが無視することなく挨拶を交わし、交流をしたがるものです。都会の生活でも周囲と丁寧に付き合おうと思えば、与えたり譲ったりといった気持ちや行為はおのずと生まれてくるのではないでしょうか。

自分のことばかり考えずに、関わりのある人にだけでも目を配り、心を配る。ときには田舎から箱詰めのリンゴが届けば、近所におすそ分けする。仕事で帰りの遅い母親の子どもを預かって食事をつくってあげる。隣に暮らす一人暮らしの老人に声かけをし、生活の不便があれば手伝ってあげる。

そんな迷惑にならない程度の何気ない心を配る行為があるだけでも、生活の風通しはよくなります。与えるとか譲るといった行為は見返りを求めてするものではありませんが、そういうことを常にしていると、人間関係において自然といい循環が生まれてくるのを感じます。

第四章 「努力ができる」のは人間である証《あかし》

仕事がうまくいく人の特徴

「あの人はいつも運がいいな」と周囲から思われている人がいます。努力もそれなりにしているが、それ以上に運に恵まれている。このような人は何ゆえにそうなるのでしょうか。

運というと、どこか神がかり的で偶然の要素が高いものというイメージがあります。たしかに高額の宝くじに当たったりするような類いの運は偶然といえるでしょう。その一方で、長い目で見ると因果応報といわれるように、しかるべき努力や準備をしてきたからこそ恵まれる必然の運というものがあります。われわれは運がよかった、悪かったなどといっているたいがいのことは、実はこの必然的な運だと思います。

結局、真っ当な努力を続け、しかるべき準備をした上で行動すれば、それなりのものはちゃんと返ってくるものです。努力の過程が見えていない外の人からすれば、あの人は運がいいという評価になったりするのでしょう。

仕事が継続してうまくいっている人は、見えないところでさまざまな努力をしていることが多いはずです。

それなりの目標を持ち、それを達成するための努力や工夫を一生懸命にする。わからないことがあれば熱心に勉強をし、会社や取引先を説得し、実現に向けるのに足る十分な情熱と行動力を持つ。

そうした努力もしないで、人が幸運に恵まれ、いい成果を上げ、周囲から継続して高く評価されるなどということはめったにありません。

仕事では新規の事業を立ち上げたりするとき、そのプロジェクトが成功するかどうかは誰にもわからないことで、偶然の要素が大きく左右すると思う人もいます。

しかし、偶然の要素を減らし、成功の確率を高めるには、市場を研究調査して分析するという努力が必要です。

つまり、何か予測に基づいて行動をするときも、それがうまくいくかどうかは、そこに至る過程における努力が大きくものをいうのです。

もし、しょっちゅう予測が外れ、仕事の失敗が多いという人がいれば、それは予測するために必要な作業努力を怠っているからに他なりません。

恥ずかしい話ですが、45年ほど前のアメリカ駐在時代、食料部門にいた私は穀物相場を読み外し、500万ドル近くの損失を出したことがありました。500万ドルといえば、当時の円に換算すると約15億円。会社の税引き後利益に匹敵するほどの金額でした。予測を大きく外した原因はニューヨークタイムズの一面に大きく載った「今年は深刻な干ばつになる」という予測記事を鵜《う》呑《の》みにしたことです。

穀物が芽を出さず広大なひび割れ地となっている写真付きの記事を見た私は瞬間、「干ばつが続いて、大豆相場はとんでもなく高騰するぞ」と直感し、大豆をどんどん買い集めました。ところが、日照り続きだった天候がやがて一転、慈雨が続き、米国農務省が豊作の予報を出したのです。それに反応した相場はたちまち大暴落してしまったのです。

損失額のあまりの大きさに、私は退職願を出そうと本気で考えました。そのとき、私が尊敬していた本社の上司が「一切隠し事はするな。お前がクビになるなら俺が先にクビになる」と熱く説いてくれたのです。

この上司の言葉で吹っ切れた私は、本社に事の経緯を正直に報告し、含み損をどうすれば少しでも挽回《ばんかい》できるか考え始めました。そのときに思ったのは、どれほど権威のある新聞でも記事が信用できるとは限らないということです。

穀物相場に関する情報なら、まずは現地に足を運んで自分の目でたしかめなければいけませんが、記者は実際そうしたのか。いずれにせよ、新聞記事になっている段階では衆目にさらされた手垢《てあか》の付いた二次情報です。そんなものを鵜呑みにしてしまった自分の未熟さ、迂闊《うかつ》さを深く恥じました。

ニューヨーク駐在に赴く際、会社の幹部役員であった瀬島龍三さんから、「すべては現場に宿る。もし問題が起こったら、お金など気にせず、すぐ飛行機に乗って現地へ行きなさい。それで会社から文句をいわれるなら私にいいなさい」というアドバイスをいただいていました。

瀬島さんがいうように「現場にはすべてがある」のです。他の誰よりも早く貴重な一次情報をいかに集めるかが、穀物相場を正確に先読みする大事な鍵となると考えた私は、自ら運転して産地に足繁く通い始めました。

さらに気象庁の情報だけでなく45年以上前、すでに動き始めていた民間の天気予報会社とも契約し、可能な限りの精度の高い情報を収集し、分析に努めました。そんな努力を続けているうちに、その年の秋に大寒波がくるだろうという確度の高い情報を得、損切りすることなく、多くの批難に耐えぬきました。そして秋になり実際に大寒波がやってきて、相場は急騰、これまでの含み損を一掃して儲けを出すことができたのです。

その翌年、ニューヨークタイムズは、今度は「小麦地帯が大干ばつに襲われる」と報じました。しかし、現地を見るまでは信じまいと思った私は早速、飛行機の手配をしてカンザス州へ向かいました。そこでレンタカーを借り、地平線の彼方まで広がる畑をあちこち見て回ったのですが、どこもかしこも青々としています。

それを見て買わないと決めたことで、危うく大損を免れることができました。

このような私の経験を引き合いに出すまでもありませんが、正確な予測といったものは、けっして偶然の運だけがもたらすものではなく、それ相応の努力によってなされるものなのです。

少ない材料を基に予測を行えば、それこそ丁半博打《ばくち》のような偶然の要素が高くなりますが、丹念に一次情報を集め、その分析を緻密に重ねていけば、偶然の支配から逃れることができるのです。

運・不運は何で決まるのか

われわれの目は、つい表面的なものにとらわれがちです。仕事や生活がうまくいっている人を見れば運がいいと判じ、仕事で挫折したり、病気などの不幸に襲われた人を見ると不運だと感じることがあります。

もちろん、病気などの医療の分野では、本人にとっては不可抗力ともいえる偶然の不運といったものもあります。しかし、経済の分野において世間で目にする多くの不運といったものは、煎じつめれば本人の努力不足に起因するものが少なくありません。

もちろん病気だって、そうした一面はあるようです。深刻な病気や怪我も、元を辿れば本人の生活習慣に問題があったり、不注意からくるものだったりすることがあります。不幸な病にかかって命を落とした人を見て、「気の毒に。ほんとツイてない人だ」と思ったりするかもしれませんが、それは運の問題だけではなく、医者の目から見れば、本人が日ごろ健康に留意してこなかった不注意からくるものだったりすることもあるのです。

つまり、多くの面で私たちが運、不運といっているもののおおよその本質は、ちゃんとした努力がそこにあるかないかということです。

そういうと、一生懸命努力しても報われなかった人だってたくさんいるのではと思われる人もいるでしょう。そういうときは、本人は精一杯努力をしているつもりでも、実際はまだ努力が足りていないことがあるのです。

切磋《せっさ》琢磨《たくま》し合っている野球のチームメイトの一人は、自分より努力をしていないのにいつも成績がいい。なぜだろうと思いますが、実は見えないところでそのチームメイトはもっと努力を重ねていた。そういう話もプロの方々からたくさんお聞きしました。

ですから、自分は本当にベストを尽くしているだろうかということを、絶えず自問するべきなのです。

的はずれな努力は意味がない

努力しているはずなのに報われないもう一つのケースは、同じ努力でもやり方がまずいといった、努力の仕方、方向性に問題があるときです。

それは間違った努力ともいえます。エネルギーを注いでいるつもりでも、方向性を間違えている可能性があるということです。的外れな努力をいくら重ねても、そう簡単に運がやってくる道理はありません。

もっとも、しかるべき努力を精一杯やったものの壁にぶつかり、それ以上は自分の力ではどうにもならないというときがあります。その都度その都度、ベストな判断をして努力を重ねてきたのに、二進《にっち》も三進《さっち》もいかない状況に陥ってしまった。そんなときは、これだけのことを自分は力一杯やってきたのだから、あとは天に任せようと、いい意味で開き直ることです。

そのときは運が開けなくても、真っ当な努力を重ねてきたことが必ずどこかで生きてくるはずです。日々ベストを尽くし続けていれば、DNAのランプがぽっと灯《とも》って、それまで眠っていた能力が全開するときがきっとあります。

なかなか結果が出なくても、その努力をやめてはいけません。

ベストな判断をし、ベストな選択をする。そして正しい努力を力一杯続ける。けっしてあきらめることなく最後の一秒まで努力する。最後の瞬間の気力と情熱が勝負なのです。そんな一連の行動からこそ、運は必然的にもたらされるのだと思います。

「禍福は糾える縄のごとし」

「あっ、貧乏くじ引いてしまったなあ」。そんなふうに思う瞬間を誰しも経験していると思います。なかには「あの人、いつも貧乏くじばかり引いているよ」と思われているような人もいます。

しかし、貧乏くじを引いたかのように思えることを簡単に損だ、不幸だと決めつけることはできません。そもそも貧乏くじを引いたかどうかなんてことは、長い目で見なければわからないのです。

勤めていた電機メーカーの経営が傾いて、人員整理の憂き目に遭ったとします。そのこと自体は不運かもしれませんが、それをきっかけに急成長している台湾の電機メーカーに転職し、そこで重要なポジションを任され、かつてないほどの充実感を仕事から得たとしたら、昔リストラに遭ったことは貧乏くじだったとはいえなくなります。むしろ幸運なくじを引いたことになります。

貧乏くじを引いたなと思ったときは、それを悲嘆しても仕方ありません。

そんなくじを引いてしまったのは神様の悪戯《いたずら》だと思ってもいいかもしれませんが、結局は自分の責任において考えるべきことです。

いろいろな運の巡り合わせでそうなった面もあるし、自分の選択がそのような状況を招いたともいえる。どのような条件が重なってそうなったのかはよくわからなくても、自分の考え方や行動の積み重ねの結果から、貧乏くじを引いたような状況になったことだけは間違いありません。

環境や他人のせいにしても何も始まりません。貧乏くじを引いてしまったなと思ったときは、腐らず、やるべきことを冷静に見すえて、その後も真剣に日々努力を続けることです。

「禍福《かふく》は糾《あざな》える縄《なわ》のごとし」とはよくいったもので、一時不運に見えることはどこかで幸運につながっていったりするものです。その逆ももちろんあるものですが、貧乏くじを引いたなと感じたときは、そのような心持ちで事に対処していけば、どこかで好転する。最後の瞬間まで勝負は続くのです。

日本人には笑いが足りない

以前、人から誘われて吉本のお笑いを見に行きました。久しぶりに大いに笑って楽しみました。ふだん私はテレビなどでもお笑いを見ることはないのですが、自分の生活に「笑い」が足りないなという気持ちもあって、誘われたときちょうどいい機会だと思ったのです。

日本人はイギリス人のようにウィットに富んだユーモアもなければ、アメリカ人のようにシンプルなジョークをしょっちゅう仲間内でいい合って笑うという習慣もありません。私もそんな典型的な日本人で、笑いを自家発電するのがあまり得意とはいえません。

ですから、いわゆる英国紳士のようなユーモアのセンスに接すると、自分にもこういうものがもう少しあればと、ちょっと羨ましい気持ちになります。

ユーモアの素晴らしさは、自分も含めて笑いの対象にする点です。自分の失敗や欠点を組上《そじょう》に載せて、笑いの話術として吐き出す。ユーモアというのはたんに笑いに限定されるものではなく、生き方の姿勢そのものといってもいいものだと思います。

そんなユーモアの精神を皆がお互いに持っていれば、仕事においても、もっと心豊かで和やかな雰囲気が生まれることもあるだろうなと思います。

現代人は、感情より理性を重んじがちです。感情は幼さにつながるものとして、理性より低く見られる傾向があります。そんなこともあって、大人になるにつれて喜怒哀楽といった感情は抑えられていきます。

しかしながら感情は人間にとって、実はとても大事なものです。感情がなければ、それはAIと同じで、人間とはいえません。

感情というのは、水のように流れていることが大事です。あまり抑えすぎると流れが悪くなって、元気がなくなったり、場合によっては鬱《うつ》っぽくなったりもするものです。ですから感情はあまり滞らせたりせず、常に流れるようにしておく必要があります。

私はもちろんTPOは使い分けますが、笑うときは笑い、怒るときは怒り、悲しむべきときは悲しむようにしています。どちらかといえば、感情は無理に抑えないようにしています。

人は心を持つ生き物ですから、心の動きそのものといえる感情表現は、その幅が広いほど人生も豊かになるのではないでしょうか。

感情のなかでも喜楽の表現につながる笑いは大切なものですが、いつも笑ってばかりいて、怒りや悲しみがないのはちょっと変だし、反対にしょっちゅう怒っていて笑いがまったくないというのも不幸です。笑いが多いなかに、ときたま怒りや悲しみがあるという加減がちょうどいいのかもしれません。

笑うと免疫細胞が活性化するといわれ、がんの患者に笑い療法を施す医師もいるほどです。そのくらい笑いには生命を根本から元気にする力があるわけです。

日本人は英国紳士のようなユーモアの精神や、アメリカ人のようなジョークを喋るセンスに欠けていると先ほどお話ししましたが、よく考えれば日本には川柳もあれば、落語もありますし、最近はお笑いが人気を博しています。

日本人の多くは、日本人ならではの笑いやユーモアのセンスがあって、それが自分のなかにも潜在していることに気づいていないだけなのかもしれません。

川柳などを見れば、笑いの素材は身近なところにいくらでも転がっていることがわかります。ふだんとアングルを少し変えて、感覚を澄ませば、笑う機会はたくさんあるということです。

笑いの効用を知る

笑いは瞬間的にでも自分を解放し、自由にしてくれます。笑いの効用はわれわれが考える以上にたくさんあると思います。

２０１９年の春の選抜高校野球に鳥取代表で出場した米子東高校は、県内でも有数の進学校で監督のユニークな指導法が注目されました。企業などが人材育成のために活用する自己管理法を導入し、選手自身が自分の課題と向き合い、納得して決めたことを行動に移しているのです。

その一環として選手たちは上達のための研究テーマを自分たちで考え、検証し、よければ実行するということをやっており、それがプレーにも成果となって表れているそうです。

ある選手は「笑顔でプレーするとパフォーマンスが上がる」ということをメンタルトレーニングの講演で知り、「本当なのか？」と興味を抱いて早速実験をしたといいます。そこで笑顔（ポジティブ）、ネガティブ、怒りの3種類の言動をとった後の筋力や敏捷《びんしょう》性《せい》などを測定したところ、笑顔がもっとも高い数値になったといいます。

研究成果はすぐ実行に移され、試合前は輪になって笑顔を10秒間キープ。ふだんも互いの顔を見合って、笑顔をつくる練習をしてきたそうです。

精神論でなく科学的なアプローチで、笑いの効用を実践しているところが素晴らしいと思います。がんの笑い療法もそうですが、「笑う門には福来《きた》る」というのはおそらくちゃんと科学的な根拠もあるということなのでしょう。

テレビをつければお笑い系の芸人たちの賑々《にぎにぎ》しいお喋りがいくらでも目に入ってきますが、それとは裏腹に街を歩いたり、電車に乗ったりすると元気のない暗い顔をした人が多いなと感じることがあります。お笑い芸人が人気があることと、気持ちが沈みがちな人が多いこととは、コインの表裏の関係にあるともいえます。

「笑いの効用」をもっと認識し、笑いを自分でつくり出す。笑いのセンスを磨くことが、いまの日本人にとっては意外と重要なテーマなのかもしれません。

「こだわり」は持たないほうがいい

最近の食品の広告を見ていると、「こだわりの一品」みたいな表現でアピールしているものがよく目につきます。このように「こだわり」という言葉がとてもいい響きで使われているのですが、私はこの「こだわり」という言葉にあまりいい印象や経験はありません。

こだわりがある人は、柔軟性がなく、頑固であることが多いからです。そのこだわりがよいほうに発揮されるならいいのですが、私の経験ではどちらかというと、マイナスに働くことのほうが多い印象があります。

会議などで、これはどう見てもおかしいし、やってはいけないだろうということにこだわっている人がいるために、無駄な議論をみんなでしなくてはいけないことがよくありました。

「私がやらなくてはこの案件は成り立ちません」というものの、別にその人がわざわざやらなくても問題のないものだったり、「この進め方でやっていかないとプロジェクトは破綻します」といいながら、そのやり方以上に有望な選択肢がいくつもあったり、一つのことにこだわりすぎるあまり、視野が狭くなって全体感を欠くというケースが少なくなかったのです。

そのせいか、私は仕事で一部のことにこだわっている人を見ると、つい大局を見失うのではないか、大丈夫かなと思ってしまうのです。

音楽を演奏したり絵を描いたりする人が自分の美意識にこだわりを持つことは、いい作品を生み出す上で必要なことでしょう。そんな芸術家のこだわりならよいのですが、多くの場合、「こだわり＝とらわれ」になっているように感じます。

とらわれというのは何か一つのことに偏って執着していることですから、広い視野は持てませんし、柔らかい発想もできない状態です。

こだわりといえば人によっては聞こえがいいかもしれませんが、それが「とらわれ」ともいえる内容のものであれば、当然そんなこだわりは捨ててしまったほうがいいに決まっています。

実際はとらわれのようなこだわりなのに、プラスに評価されているものは他にもあります。

たとえば、プライドもそうかもしれません。「俺にはプライドがある」なんていうと、ものすごく大層に聞こえますが、実はただのつまらないこだわりだったり、とらわれだったりするかもしれません。

矜持《きょうじ》という言葉が持つような、自分という人間に対する根源的な誇りのような響きをはらんだプライドであればいいのですが、取るに足りないこだわりのようなプライドであれば、捨ててしまったほうがいいでしょう。

信念という言葉も、けっこう人を欺くものだと思います。

「私は何事も信念を持ってやっている」とか「これだけの信念を持ってすれば必ず目標は達成できる」というような情熱的な言葉を聞くと、誰もが反対しづらくなるのは世の常です。

しかし、問題はその信念の中身です。自分が儲かりさえすれば他人に迷惑をかけてもかまわないという信念だってあります。

信念だからすべてよいものとは限らないわけです。ですから、こだわりにしろ、信念にしろ、プライドにしろ、こうした言葉を表面的にとらえて、全体を肯定的に見てしまわないほうがいいと思います。

そういう響きのいい言葉を目にしたら、いったんはどこか疑ったほうがいいのかもしれません。

なぜ夢を持てない若者が増えたのか

世界がグローバルに広がっているのに反比例して、人々が抱く世界観や人生観といったものは、なぜかスケールがどんどん小さくなってきている気がします。

商社に勤めている私の友人から先日、こんな話を聞きました。10人ほどの新人を集めていろいろな話し合いをした際のことです。

「君たちはなんで商社を希望したの」と聞くと、「給料がいいから」という返答がけっこうあったそうです。さらに「海外で仕事をしたいという人はいるか」と聞くと、手をあげたのは女性一人だけだった。給料がよくて、3Kではない見栄えのいい仕事だから商社に入った。そんな就職の動機を知り、友人は内心「彼らに夢はあるのだろうか」と思ったそうです。

もう何十年も前から最近の若者は意欲がないとか、夢がないとか、こぢんまりとしているとかいわれてきましたが、その傾向はますます強くなっている感じがします。

いまはそこそこのお金があれば、快適な生活が送れます。何かに挑戦したり、頑張ってしんどい思いをするより、目の前の生活に波風が立たず、平穏で幸せならよい。そんなふうに思っている若い人が増えているのでしょう。

20年前、30年前の若い人であれば、「こんなことを仕事でしてみたい」といった夢をもう少し語っていたと思いますが、いまの世代は夢を持つ必要がないほど、自分の仕事や生活、国の将来などについて満足しているのでしょうか。これからの日本を考える上で、とても気になる部分です。

悲観的に考えて楽観的に行動する

もっとも会社に入りたてのときに、これからどういう仕事をしていくことになるのか、環境の変化も速いし、よく見えないところもあると思います。そんな漠然としたなかで夢を持てといっても、難しい部分はあるのでしょう。

初めは与えられた仕事を一生懸命にやっていくだけでもいいと思います。そうしているうちに、「こんなことを仕事でやってみたい」と夢や目標のようなものがきっと出てくるはずです。

仕事でも何でも一生懸命やっていくなかで自然と生まれてきた夢は、気持ちを強く持ち続けている限り、かなり実現性が高いと思います。

どんな形の夢であれ、夢というのは実現するまでに相当な時間を要するものですから、注意しないといけないことがあります。

それは夢に向かう過程において、目標を小さく刻んで設定することです。目標は高く持つほうがいいと思われがちですが、実はそうではありません。夢は大きくとも、目標は小さく持ったほうがいいのです。あまり高い目標だと、時間がかかりすぎて達成できないことが多いからです。

目標は、あくまでこのくらいなら届きそうだという現実的なライン上に置くべきです。急いで夢を実現しようと高い目標を掲げても、無理がありすぎて現実味がなかったりします。

私は常に「悲観的に考えて楽観的に行動する」ことを心がけています。「悲観的」というのはいい換えれば「現実的」ということです。目標の設定をするときも、これと同じ感覚がいいと思います。

私も部下にはいつも「自分が達成できると思う目標を立てろ」といっていました。反対に高い目標を出してきたら、「もっと現実的に考えて目標を下げたほうがいい」といって、当面の目標と長期的目標を聞くようにしていました。

目標設定というのは、肩の力を抜いたぐらいの感覚がちょうどいいように思います。

自分の部署で掲げたけっして厳しくはない数値目標が未達成になるときもありましたが、そういうときは心配しませんでした。個々人の努力だけでなく、経済環境によって条件が悪くなるときもあるからです。ただ、そういうときは、なぜ未達になったのか、その原因を分析することが必要です。

高い目標を立てると無理があるので挫折しやすく、たとえうまくいっても次の目標へ向かうスタミナが切れたりします。あくまでも目標は低く小さく設定して、それがクリアできたら、同じベクトルの線上でまた次に小さな目標を設定するというふうに着実に前へ進むことが現実的な考えというものでしょう。

小さな達成感を積み重ねることが、モチベーションを持続させるコツなのです。

そんなことを5年、10年と繰り返しているうちに、気がついたら夢が目の前にあったということになります。最初の段階で「5年、10年で夢を実現させよう」と考えたら、目標を高く設定したりして、息切れしてしまう可能性があります。

夢がまったくないのは論外ですが、夢はあくまで頭の片隅に、目立たないように置いておけばいいのです。さしあたって目の前の小さな目標を達成し、また次の小さな目標を立てる。その繰り返しに集中すれば、いつか高い目標にジャンプアップし、夢は視界に入ってくるはずです。

楽なほうを選ぶな

楽に進める道と、見るからに険《けわ》しい道。もし目の前にこの2つの道があった場合、たいていの人は楽なほうを選ぶと思います。

楽をしたい、楽に生きたいと考えるのは何もその人が怠け者だからというわけではなく、人間の本性のようなものです。楽なほうへ流れてしまうのは自然なことです。

そのことは、社会の流れを見てもよくわかります。社会や人の暮らしが向いている先には、「便利さ」というものが一つの大きな目標としてあるからです。

科学技術は人間の労力を少しでもカットできるように、進歩してきました。火を起こさなくてすむ電気を発明し、足を使わなくてすむ車や飛行機をつくり、いまではＡＩを開発して労働しなくても生きていける未来を夢見ている人たちが大勢います。

このように便利さを求めて科学技術が発展してきたことは、人間が楽を好む生き物であることの証《あか》しだといえます。

ところが、いつも楽なほうを選んでいると、楽でなくなる状況になったりします。ハアハアと息を切らしてしまうような状況に陥ったり、前に進むのすらおぼつかない事態になったりと、楽なほうを選んだがゆえにそうなってしまう。楽なほうを選ぶと、結果的には後で困難な目に遭うことが多いのです。

反対に、先に厳しいほうを選んでおくと、後で楽になりやすいともいえます。

「苦労が多くて……」などと嘆いている人は、常に安易な道を選んでいることもあると思います。

目に見える形で楽な道と厳しい道があるとして、現実には知らず知らずのうちに厳しいほうを選択せざるを得ない立場に直面することも少なくありません。

たとえば、ヒット商品を出して大儲けしている会社の経営者であれば、ヒット商品の売り上げだけに依存していられたら楽です。しかし、ヒット商品はそのうち必ず売り上げが落ち、いつか終焉《しゅうえん》を迎えます。

もしヒット商品に大きく依存した経営を続けていれば、会社もどこかでダメになってしまいます。ですから、経営者はヒット商品のバリエーションを次々と開発してその息を長くしたり、増強された資金を元に新しい商品を開発していったりする必要があります。会社が存続し、より発展していくにはおのずと厳しい道を選ばざるを得ないわけです。

第二次世界大戦終結間もない1950年〜60年代、世界に48工場も持つオランダのフィリップス社は、収益の大黒柱である真空管の売れ行きが好調で経営は万全でした。一方、日本ではソニーの前身である東京通信工業の経営が青息吐息。同じ商品ではまったく勝ち目がないため厳しいとはいえ、未経験の新しい分野であるデジタル電気商品に挑戦せざるを得ませんでした。そして20年もたたないうちに、フィリップス社とソニーの地位は逆転。経済の歴史を見れば、世界ナンバーワンの商品を持つ会社が50年以上続いたことはなく、私も忘れてはならない事例として記憶に残っています。

楽をするとよくない結果になるものには、身近なところでは健康があります。

年を取ると体を動かすのが億劫《おっくう》になりますが、外出して歩かなくなると足腰が弱って、それが体調不良や病気のきっかけになったりします。

ですから、多少面倒でも体をなるべく動かしていると健康が保たれ、辛《つら》い思いをしなくてすんだりします。

若い人でも、部屋にこもってばかりいて体を動かさず、好きなものを好きなだけ食べるといった生活を何十年と続けていたら、中高年になってからそのひずみが必ず出てくるはずです。

現在のわれわれの生活のように便利なものに囲まれた環境で暮らしていると、面倒なこと、手間のかかることは億劫に感じられます。

しかし、便利なものに慣れすぎて楽をしていると体の健康に必ず跳ね返ってきますから、あえて便利さや楽なことを避けて、面倒であっても我慢が必要なことをやるようにすることも必要です。

このように仕事でも勉強でも生活でも、楽な状態を長く続けると、いつか必ずしっぺ返しがくると思ったほうがいいでしょう。

楽なほうを選んだ対価として厳しさが待ち受け、厳しいほうを選んだ対価として楽な道が開ける。もっとも、厳しいほうを選んだ結果、楽な状態になったとしても、そこに安住していたら、また厳しいほうへ傾きます。

人間が生きていくということは、そんなことの繰り返しではないでしょうか。

休息は必要ですが、あまりにも楽な状態が続いているときは、その反動がどういう形で将来やってくるか、因果応報的な気持ちを多少なりとも持つことは必要かもしれません。

第五章　自然体で生きられないのは人間だけ

ストレスを減らそうとするな

体の調子が悪くて病院などに行くと、「ストレスが影響してますね」というようなことを医者からいわれたりします。

何にでもストレスという言葉を持ち出して、ストレスのせいにしてしまう。それでは何も診ていないのに等しいと思います。医者がストレスという名の病気をつくったといっても過言ではないでしょう。

ストレスと一口にいっても、新しいことを始めれば、どんなこともストレスになりえます。

健康のためにもっと水を飲まなくてはと思えば、それもストレスだし、混んでいる電車に乗ればそれもストレス。部屋が散らかっているから片づけなくてはと思うのもストレスだし、取引先と会って商談をまとめようとするのもストレス。これをするとストレスになりそうだから避けようと神経を使うのもストレス。何でもかんでもストレスになりうるような気がします。

ストレスはきわめて便利な言葉ですが、ストレスという概念に過敏に反応する人を見ていると、ストレスを避けたり、解消するために生きているのではないかとさえ感じてしまいます。

生きていくことがストレスだというのなら、ストレスという言葉をことさら持ち出す必要はないでしょう。

近ごろはストレス過敏社会の反動なのか、自然体で生きたいと願う人が増えているようです。

しかしながら、ストレスを意識している限り、自然体にはなれません。ストレスを除けば自然体になるのではなく、ストレスという概念を持たずに生きていくことが自然体ではないでしょうか。

医者は「ストレスになるので、あまり細かいことに気を遣わないほうがいいですよ」といったりしますが、それは間違っています。細かいことに神経を使うのが、その人にとっての自然体なのです。

「ストレスを感じやすい性格なんですね」といわれても、物事を敏感に感じやすい性格というだけのことですから、神経をもう少し太くして生きようなどと思わず、そのままで生きていけばいいのです。それが自然体です。

ストレスを減らそうと努めることで自然体で生きられるのではなく、ストレスという言葉を自分のなかからなくせば、おのずと自然体になっていくのではないかと、ど素人の私は身勝手に思ったりしています。

「ありのままに生きる」ことは難しい

各界で成功した人が自分の半生を綴る、日本経済新聞の「私の履歴書」という人気欄があります。

私がよく知っている財界人や政治家の方々も書いていましたが、時々知人が「おい、本当のことをいわないのか」みたいなことをいったりしています。人にはいえない恥ずかしいトラブルや失敗談を隠したりして、格好のいいことばかり書いているのではないのかという人もいます。失敗した体験が語られても、それは後の成功につながる糧として都合よく取りあげられていたり、要は本人がいいように脚色しているわけです。誰しも自分の歴史を人様に語るときは下駄《げた》を履いているのです。そして、それが人間の本性ともいえます。

だから「私の履歴書」は、立派なことが書いてあるのが普通であり、他人がとやかくいうことではありません。どの履歴書もたいていは、「不都合な真実」に目をつぶる個人史になるのではないでしょうか。

私以外でも「私の履歴書」の執筆依頼をお受けにならない方々について耳にしています。本音をいうと、かくいう私自身もいい格好をした履歴書を書いてしまうだろうと思います。

自分のなかの「不都合な真実」に対しては、3つの姿勢があります。

一つは逃げずに正面から見つめ、それをありのままに、人にもいえるもの。もう一つは都合が悪いから隠してしまうもの。あと一つは半ば無意識な操作によって合理化してしまうもの。つまりこんなことがあったけども、それには大義があって仕方なかったのだと正当化するものです。

「不都合な真実」は、勇気を持ってすべて明らかにするのがいいとは限りません。これを喋ると多くの人に迷惑がかかるというものであれば、それは伏せておくべきでしょう。

たとえば官僚の立場で重大な国家機密に関する事案に関わった。それを公開すれば社会が混乱する。当分は隠しておいたほうが国民にとってはプラスだと判断すれば、話さないほうがいいということでしょう。

しかし、誰にも迷惑がかからないような「不都合な真実」であっても、自分の恥ずかしい部分に関わるものであれば、隠しておきたいのが人の性《さが》です。

そういうことを考えると、「ありのままの自分」を認めて、ありのままに生きるといったことは、口でいうのはやさしいですが、なかなか難しいことです。

ただ、自分にとっては不都合なこと、つまり人には見せたくない欠点や、恥ずかしい過去というものは、それをないことにして振る舞っていると、いつまでも本人の心の底にとどまり、残滓《ざんし》のように消えることはないでしょう。

人は誰しも弱さを抱えていますが、その弱さから目をそらさず、受け入れないことには本当に強くもなれません。ですから、自分の欠点や弱さといったものを、勇気を持って受け入れて自覚することが大切です。

ありのままの自分から見れば、背伸びして人によく見せている自分の姿はどこかみっともないものです。とはいえ、そのことに気づくことも、「ありのままの自分」に少しでも近づく一つの方法ではないでしょうか。

仕事には緩急をつける

「いつも全力で仕事をされているように見えますが、疲れて休みたいというときはないのですか」。仕事関係の人から、そんなことをいわれることがあります。

しかし、いつも全力でやっているように見えるというのは有り難い誤解です。当然ながら力を抜くときだって、ときにはあります。

常に全力でやるなんてことは、そもそも生身の人間にできることではありません。どれほど体力があろうと、エネルギッシュな行動力があろうと、どこかで気を抜かないと絶対に続きません。

たとえば、限られた時間のなかで複数の種類の仕事をするとなると、やはりどうしても優先順位をつけてやっていくより仕方ありません。この仕事は未知の部分が多いので勉強して念入りな準備をしないといいものにならないと思えば、その仕事に重点を置くことになるでしょうし、別の仕事はいままでの経験値の範囲でさっと済ますことができると判断すれば、少し負荷を軽くして進める。

そんな緩急を上手につけながら、仕事はすべきものだと思います。すべてどんなものにも全力を出してやれば、そのうち息切れをしてしまいます。

手抜きというと語感はよくないですが、いい意味での手抜きは絶対に必要なのです。

私は社長に就任したとき、尊敬する社長経験者の方から「不義理ということを覚えたほうがいい」とアドバイスを受けました。社長という立場上、付き合いの関係で、たとえば夥《おびただ》しい数の冠婚葬祭などにも出席したいと思うことがあります。しかし、すべて義理堅く顔を出すことは、いくら時間があっても足りません。仕事とのバランス上、物理的にも無理です。ですから、こと仕事関係の付き合いは不義理という手抜きを覚えておくといいということなのです。

体調が悪くても、恩義を受けた人の葬儀であれば無理を押してでも行きますが、顔すらはっきり出てこない程度の付き合いであれば、申し訳ないけれど欠席させていただきます、となります。

体力が衰え、ちょっとしたことが健康に障る高齢になると、この手の不義理をけっこうするものですが、高齢でなくても事と次第によっては、不義理はいろいろあってもご容赦いただきたいものです。

いい手抜きは必要だといいましたが、そのあたりの加減は当然人によって違ってくるでしょう。私の場合は仕事が好きなせいもあるのか、あまり疲れやストレスを感じることが昔から少なかったことは事実です。

だから、自分のなかでは緩急をつけてやっているつもりでも、傍からは常にフルで動いているように見えたのかもしれません。

ところが精神的には疲れを感じていないように思いながら、実際、医者に診てもらうと「ストレスが相当たまっていますよ」などといわれたりします。血液検査をすると、それがはっきりと出るのです。

すると医者からは当然、「あなたは疲れていないというけど、体は正直ですよ。もう少し体を休めてください」といったアドバイスを受けます。ところが、私の場合は常に仕事をしていないとダメなようで、長い休暇をとったりすると、かえって落ち着かなくなり、ストレスがたまってくる気がします。こればかりは性分としかいいようがないのかもしれません。


そんな私ですが、自分の命を賭けるくらいの気概で打ち込んだ仕事となると、体重が5、6キロ減って、さすがに心身ともに疲れ果てているなと感じるときもあります。

真剣に仕事をしていれば、血の小便が出るほど命を張るような勝負をしないといけない場合があるものです。血の小便が出ないので、いまだそこまで真剣ではないのかとかえって気になったときはありますが、そんな局面があることもある意味では仕事の醍醐味だと私は思っています。

自発的に仕事をすると疲れない

変化が激しく、複雑な環境に生きていることもあってか、「疲れる」という言葉を口にする人が職場でも家庭でも非常に増えているようです。

長時間労働がやり玉にあげられ、働き方改革なんてことが声高に叫ばれていますが、これはたんに労働時間が長いせいで疲れるわけではないと思います。仕事がもし楽しければ、長い時間働いていても、さほど疲れた気分にはならないはずです。

反対に労働時間が短くても、人間関係のストレスやら仕事に対する不満が大きければ、疲れに大きく影響するでしょう。

「疲れる」という状態になるには、さまざまな要因があると思います。どのような質の疲れであれ、疲れを覚えたらまず休息しなければと普通は思います。

ところが私は、休息するとかえって落ち着かなくなったりして、逆におかしな疲れを感じたりするのです。ですから、休むのが下手というより、休むこと自体が自分には合っていないんじゃないかと思っています。

こういうとやや自慢めいて嫌なのですが、前にも触れた通り、実は私自身はどんなに忙しくても、疲れというものをあまり感じたことがありません。

なぜ忙しくても疲れることが少ないのか、自分なりに分析してみると、実際には体が疲れていても、疲れるという意識をあまり持たないからだと思います。

しょっちゅう「疲れた」といっている人を見ていると、実際はいうほど忙しくないのではと思ったりすることがあります。上司に苦手なのがいるとか職場の人間関係でストレスが多少あったりするかもしれませんが、そこまで「疲れ」を表現しなくてもいいんじゃないのかと感じることも多々あります。

つまり、体の疲れはそれほどでもないのに、仕事量よりも人間関係に「疲れた」という意識によって、疲れを必要以上に感じてしまうことが多いのではないでしょうか。つまり、意識のあり方が疲労感の原因の一つになるわけです。

疲れるという意識をあまり持たないことの他にも、疲労感を減らすやり方はあります。

たとえば、ばりばり仕事をしているのにあまり疲れたように見えない人は、たいてい切り替えが早いものです。

仕事というものは雑用から始まって、いろいろな種類の内容や作業から成り立っています。切り替えが早い人は、一種類だけの仕事を半日や1日、ずっとやり続けるのではなく、多種類の仕事を1時間、2時間くらいの単位で、さっさっと切り替えながらやっている印象があります。

学校の授業でこんなことを想像してみてください。一日5コマの授業がすべて数学だとしたら、どうでしょうか？　数学が嫌いでない生徒でも緊張感がなくなり、疲れるのではないでしょうか。

それとは反対に5コマの授業が数学以外に外国語や社会学や生物学など1コマ、1コマ違えば、コマが変わるたびに新鮮な気持ちになるので、ダレたりせず、その分疲労感も少ないはずです。

つまり、切り替えをうまくやれば、疲労感は減るのです。

ですから、何かをしていて疲れてきたなと感じたら、切り替えて別のことを始めると、そのこと自体がちょっとした休息になるわけです。


もう一つ、疲れと密接な関係がある、仕事の根本に関わる問題があります。

それは仕事を自発的にどれだけやっているか、という姿勢に関わることです。

仕事は会社からやらされているという気持ちでしていると、どうしても面白くないし、ストレスもたまります。

そうではなく、自分から仕事をしているという自立した考えを持つことが大事です。

自分の意思でこの仕事をしているのだと思えば、仕事の仕方にも面白くする工夫が出てきます。

たとえ会社から命令されて無理にやらされている感の強い仕事であっても、自分流にこの仕事のやり方を変えてみようという姿勢で取り組めば、仕事の質は変わり、ストレスも減るはずです。

たとえば接客の仕事をしている人が会社のマニュアルや上司のいう通りに従って動く

だけだったら、つまらなくなると思います。そのときマニュアルなんかには載っていなくとも、お客さんに喜ばれる接客をしようと努めれば、仕事を自分でつくっていく感覚になり、やり甲斐が出てくるのです。

定年退職した男性が奥さんにいわれて食事後の皿洗いを毎回することになったものの、同居している息子家族の分もあってけっこうたいへん。ときには30分近くかかることもあって少し苦痛なときもある。そんなとき皿洗いを機械的に汚れを落とす作業だとは思わず、愛する家族が気持ちよく食事ができるように、あるいはきれい好きな自分の満足のためにお皿をピカピカに洗おうと思えば、ただの皿洗いも単調な作業ではなくなるかもしれません。

仕事による疲れといったものは、このように同じ仕事をするのでも、自分なりの工夫や努力でかなり軽減することもできるようです。

仕事が忙しくて疲れる。だから労働時間を減らすようにしよう――そう考える前にするべきことは、疲れを減らす工夫をあれこれ考え、実行することではないでしょうか。

私なりの手抜き健康法

私はもう傘寿《さんじゅ》になります。「何か健康法などしていますか」とよく聞かれますが、これという特別な健康法はしていません。体によいといわれる食品や栄養剤を好んで積極的にとったりすることもありませんし、毎日決まった健康体操をすることもありません。ただ習慣的に気をつけているのは毎日散歩をしたり、腹七、八分で抑えるようにしたり、睡眠を7〜8時間とったりすることくらいです。お酒は以前はけっこう飲んでいましたが、最近はあまり美味しく感じなくなったので、それほどは飲まなくなりました。

散歩は早朝に起きて近くの遊歩道を中心に少し速めに歩くのですが、毎日時間を決めてやっているわけではありません。気が向けば1時間歩くこともあれば、30分程度で終わることもあります。毎回、何分、何歩でやると決めるとかえってストレスになるので、その日のコンディションに合わせて加減をしています。

頭の老化防止に何かをするなどということも、もちろんありません。よく高齢者にパズルを解かせたり、塗り絵をさせたり、ボケ防止と称して子どもがするようなことをさせたりしていますが、ああいうのはけっして楽しいものではないでしょうし、高齢者に本当にプラスになっているのか疑問に思っています。

あんなことをしなくても、好奇心を絶やさず、本を読んだり、友人知人と積極的にコミュニケーションをとっていれば、ボケることなどないと思います。

身体と心の健康を保つにはこれとこれを毎日してこんなものを食べるといった杓子《しゃくし》定規《じょうぎ》な健康法は、私にはどうも合いません。

ある程度振れ幅を持ったなかで、無理のないところで体によくないことはしないという心がけ程度でいいかと思っています。そんな生活習慣が、私なりの手抜き健康法ともいえるのかもしれません。

なるべく自然体でいる

自分の実際の姿より賢く見せたり、格好よく見せたりする。それこそ誰もいない島に一人で暮らしているような人にはそんなことは必要ないでしょうが、たいていの人は他人の目を気にして、そう振る舞っているのではないでしょうか。

これは虚栄心です。もっとも虚栄心はけっして悪いものではありません。虚栄心があるからこそ、人は向上しようと努力もするわけです。自分を高めたい、より高い目標に近づきたい、そんな欲望は虚栄心が強い動力になったりします。

つまり、一人ひとりの虚栄心が合わさって、社会もまた前へ進み、発展していくわけです。

ただ、虚栄心は過ぎるとマイナスになります。有名になって人から尊敬されたい。お金持ちになりたい。競争に勝って自分の優秀さを人に見せたい。そんな虚栄心が強すぎると誰かを傷つけたり、関わりのある人の幸せを壊したりと、周りが往々にして犠牲になります。他人の不幸の上に、虚栄の花を咲かせることになるのです。

ですから、虚栄心は常に行きすぎない注意が必要です。

ではバランスのいい虚栄心を持つにはどうすればいいか？

「あえて自分のダメなところをさらけ出したり、バカな振る舞いをするというのはどうだろう」と思われる方もいるかもしれません。

しかし、わざわざ他人に自分の欠点をさらけ出したり、バカな行動をとる必要はないと思います。

酒の席などではそんな振る舞いが場を盛り上げたり、相手との距離を縮める効果を上げるかもしれませんが、仕事などふだんの付き合いにおいてそんなことをすれば、マイナスになりかねません。ユーモアのセンスがあって、それを笑いの対象にできる話芸であれば、また別かもしれませんが。

自分のダメな部分がばれないことを意識するあまり、格好をつけたり、賢く振る舞ったりすることもあるでしょう。

ただ、自分のなかに欠点や賢くないなと思えるものがあるなら、それを自覚して克服していくほうが、それをごまかしながら生きていくより、いいに決まっています。

その上で自分でまずいなと感じる部分が相手にわかってしまうことがあるなら、それは仕方のないことです。

数人の人によく思われたり格好よく思われたりしても、それに何の意味があるのでしようか。私もようやくこの年になり、人生を達観できるようになりました。人間は誰もが年相応になってきますから、人間性ということにおいては、もっと肩の力を抜いて自然体で生きていいのです。

動きたくないときほど、意識して動く

切り替えの上手な人は疲れをためにくいということを前にお話ししました。この切り替える力は「疲れ」だけでなく、さまざまな局面において役に立つものです。

たとえば切り替えがうまい人は、調子がよくないときや窮地に陥ったときに、その状態から素早く脱することができます。

「まいったな、これはいかんともしがたい」――そんな袋小路に入った気分になったときは、うんうん唸《うな》ってもなかなかいいアイデアが浮かびません。

そんなときに、切り替える力があれば、状況は変わります。

これはちょうど劇で舞台が暗転して、場面が変わる感覚に近いものがあります。場面が変わると俳優も入れ替わり、それまでとはまったく違う状況が出現します。観客はそ

れまで演じられていたドラマは忘れ、新しい舞台で繰り広げられるドラマに見入っています。

現実も同じです。仕事で行き詰まったり、掲げていた目標の途中で壁にぶつかったりしても、自分が主役の舞台を場面転換してしまえばいいのです。

しかし、さっと場面を切り替えるには、ただ気持ちを切り替えようとするだけでは、うまくいかないものです。

では、どうすればいいか？

それには動くことです。まず動くこと。慎重に事を進めないといけない場合は安易にすぐ動かないほうがいいこともありますが、たいがいは考えながら同時に動き出すようにすると、新しい流れをつくるきっかけになるものです。

うんうん唸って考えたり、頭を抱え込んでしまう悩みを抱えたりしたときは、いったん考えることをやめてもいいと思います。考えることをやめて、勇気を持って一歩行動に踏み出すのです。

ゴルフのプロ選手がスランプに陥ったとき、フォームをあれこれ調整したりします。スタッフの助言を得たりしながら、何千、何万回とスイングを繰り返し、ボールを打つ練習をしたりしますが、かえって何が正しいのかわからなくなって混乱してしまうこともあるようです。

そんなときは思い切って切り替えをし、ゴルフそのものから離れたほうがいいのです。水泳をしたり、テニスをしたり、別のスポーツをするのもいいかもしれませんし、落語を聞きに行くとかコンサートに出かけてもいい。ゴルフとは関係のない時間をあえてつくって、挟み込むわけです。そうやって違う流れの時間をつくり出した後に再びゴルフに戻ると、スランプになる前の感覚が自然と戻っていたりします。

仕事でどうも調子がよくないなという状態が続くときも同じです。そんなときは、さらに頑張るようなことはせず、仕事をいったん脇に置いて別のことをしてみるといいと思います。学生時代の友人と久しぶりに会ったり、泊まりがけで温泉に行くようなことをしてもいいし、とりあえず仕事という舞台を別の舞台に転換させるのです。

そうやってスランプの状況から離れて自分を振り返ると、冷静に自分とその周りの状況を眺めることができます。そして、そこに新しい流れを生むきっかけとなる気づきがあるかもしれません。

さっと切り替えるには、考え込んではいけません。考え込んでしまうと、ますます煮詰まり、動けなくなってしまいます。

スイッチを切り替えるようにぱっと動き出して、新しい流れをどんどんつくっていく。小さな流れでもいいのです。それをいくつもつくっていけば、やがて大きな流れとなって、それまでとはまったく違う舞台に立っていることに気づくはずです。

母親の死で体重が6キロ落ちる

喜怒哀楽の感情について先に触れましたが、悲しいときはどうすればいいのか？

私の場合、そんな気持ちになったときは無理に抑えようとはしませんが、どちらかといえば忙しさに紛れて、そのうち薄くなって消えていくという感じです。

これまで生きていて、もっとも悲しかったことといえば、母親が亡くなったときです。

このときは相当ショックでした。母親には心配ばかりかけて親孝行してこなかったという思いも手伝って、余計に悲しかった。母は、私たち兄弟を一生懸命に支えてくれた大きな存在であって、その喪失感はたとえようがありませんでした。

このときは体重が6キロは落ちたと思います。涙が止まらないほど悲しかった出来事ですが、1年、3年、5年と年月がたつにつれて、徐々に悲しみも薄らいでいきました。時間というのは偉大だなと思います。

それは薄情ということではなく、人の記憶とはそのようにできているのです。人工知能とはそこが違う。人工知能はそんな感情形態をデジタル信号に変換して入力すれば、永遠に記憶し続けます。しかし人間は機械と違って生で悲しむことができ、時間とともに忘却することができる。それが人間の強さであり、よさといえます。


強い怒りであっても、時間の恩恵を受ける点では同じです。

私はかつて信頼していた人から手ひどい裏切りに遭ったことがあります。当然のごとく怒りましたが、同時に騙《だま》された自分がバカだったのかな、甘かったのかなという悔いも湧きました。

そのときの怒りと悔しさはかなりのものでしたが、これだって時間がたてば薄らいでいきます。ただ許せるかといえば、私は神様のように許すことはできません。裏切りという行為は私の信義に根本から反することです。

反対に人から受けた恩義は一生忘れません。多くの諸先輩をはじめ、お世話になった人々の墓参はできる限り時間を見つけ、どんなに遠い地方であろうと出かけて線香をあげていきます。

人は忘れやすい生き物ですが、死ぬまで忘れてはいけないことはあるのだと思います。

悲しみにせよ、怒りにせよ、自分でどうにもしようのない感情のなかに落ちてしまったときは、そこから無理に抜け出ようと思わないほうがいい。ある程度時間の流れに任せ、自分のするべきことを日々の判断でこなしていく。どうにもできない感情であっても、自然と変化していきます。少なくともそう思っていれば、時間が必ず恩恵を与えてくれるはずです。

「ただの人」として懸命に生きる

「これからは普通の人になります」といって引退していった芸能人が、昔いました。それにしても「普通」とは一体何なのでしょうか。

人によって普通に対するとらえ方は違うかもしれませんが、私が考える普通とは、世間の平均値といったニュアンスではなく、肩書や見栄、世評といったものを取り払った等身大の姿のことです。

その意味では、「普通の人」は「ただの人」といい換えてもいいでしょう。

そもそも人は「ただの人」として生まれ、「ただの人」として死んでいきます。

ところが、生まれてから死ぬまでの間にさまざまなものを飾りのようにつけ、自分の存在を主張し続けることで、普通がどのようなものだったかを忘れてしまうのです。

私は生まれるときと死ぬときだけ「ただの人」になるのではなく、その間においてもずっと「ただの人」で生きたいと思ってきました。

社長になると黒塗りの運転手付きハイヤーが与えられるものですが、私はそれを断って片道1時間の電車通勤を続けました。そりゃあハイヤーのほうが楽だし快適ですが、人から押されたりしながら満員電車に揺られ、多少しんどかったり不愉快な思いをしたりしないと、普通のサラリーマンの気持ちがわからなくなります。経営者が普通の人の目線に立てなくては、心の通う経営はできません。

社長になったから偉いと思ったことはまったくありませんし、給与が少しいいから贅沢をしようなどと思ったこともありませんでした。

我が家の車は長年カローラでした。社長になったばかりのときに、取材をしに自宅に来た新聞記者から、「社長の家が見つかりません」と電話でいわれたので、「周囲は高級車ばかりだから、カローラのある家を探しなさい」と伝えると、すぐに〝ピンポン〟と呼び出し音が鳴りました。「ヒラのサラリーマンでも乗っていそうな車で恥ずかしくないですか」といわれたこともあります。

社長なら社長にふさわしい高級車に乗るべきだというのは馬鹿げた発想です。カローラは安くて小回りが利いていい車です。いまはそのカローラも売り払って、移動手段はもっぱら自転車と電車です。

ニューヨークの駐在時代は、髪もワイフにバリカンで刈ってもらっていましたが、後頭部を刈りすぎて一部ハゲみたいになったことがありました。それを同僚から指摘され、刈りすぎた箇所があると墨を塗って出社したこともありました。

このように一事が万事、外見にこだわらないのは私の性分ともいえますが、根底には「普通の人」でありたい、等身大の感覚でいたいという気持ちが常にあったのだと思います。

仕事をリタイアした人が新たな居場所を求めて、地域コミュニティや趣味のサークルなどに溶け込もうとする際、以前の肩書やこんな仕事をしてきたというプライドが邪魔をして、周囲の人たちと軋轢を起こして孤立するという話をよく聞きます。

地元の自治会に顔を出しては「俺が俺が」と場をやたらに仕切りたがり、そのくせ実際の活動では汗をかこうとはせず、皆から煙たがられるという会社時代のタテ感覚を定年退職後も持ち続けるようなタイプの人もけっこういると聞きます。

再就職の面接に来た定年退職者が「前は何の仕事をしていましたか」と聞かれ、「部長をしていました」という笑い話もあります。

肩書や前職にアイデンティティを置きすぎると、こんな勘違いも実際に起きたりするのでしょう。

人は他人と自分を比べて、「あいつはあんな立派な家に住んで贅沢な暮らしをしているのに、俺は何でこんなに貧乏たらしいんだ」とか「同じような努力をしているのに、なんで彼ばかり評価されるんだ」とか、妬みややっかみの感情をつい抱いてしまう。反対にお金持ちになったり、成功して称賛されたりすると、自分が優秀な人間であることをことさらアピールして威張りたがる。

これらは皆「動物の血」がなせる業ですが、そうした表面的なことは人間の本当の価値を決めるものでもなんでもありません。

むしろ、社会的な評価や肩書、資産といったものは、その人本来の姿を見えにくくするものですし、またそれにしがみついていると、人間に対する理解も表面的なものに留まってしまいます。

相手の地位や肩書、職業といったものはいったん脇に置いた上で向き合う。一方、自分自身も肩書や社会的な立場といったものを外したところで、懸命に生きる。そうやってはじめて人は互いを深く理解し合え、また人間的な成長もはかれるのではないでしょうか。

だからこそ私は、社長としてたかが数年、人もうらやむ(?)生活をしてもまた「ただのおじさん」の生活に戻るのだから、社長時代も「ただのおじさん」の生活を続けるほうがよいと思い、そのようにしていたのです。実際、生身の姿は「ただのおじさん」です。

人生にまつわる多くの問題は、社会的な評価や肩書、地位といったものへの執着から始まります。肩書や周りの評価が自分の実力だと思い込んでいる人は、生の本当の人生を生きていないのではないでしょうか。

そういったものにいかにとらわれずに生きていけるか。「動物」ではなく「人間」として成長するために、私はいつも「普通の人」「ただの人」であるということを忘れないでいたいと思っています。

第六章
「人間の本質」を受け入れる

好奇心を失うのは死ぬときでいい

知人が自分の父親について、こんな話をしていました。80歳を過ぎた父親は大の読書家だそうですが、最近妻を亡くして気持ちが落ち込んでいるのか、丸っきり本を読まなくなってしまったそうです。

それまでは毎日のように図書館へ行っては好奇心の赴くままありとあらゆるジャンルの本をせっせと読んでいたのですが、まったく図書館に足を向けなくなってしまった。知人はそんな父を見かね、以前のように読書をすることをすすめてみたところ、「お前はまだ若いからわからないかもしれないが、年を取って体力がなくなると同時に気力も落ちるんだ」という答えが返ってきたそうです。

「年を取ると、そういうものでしょうかね」とその知人はいっていましたが、気力が衰えるかどうかは年齢と体力次第とはいえ、まさに人それぞれでしょう。

私は自慢げにいいたくないし、一種の活字病かとも思いますが、本を読むたびに好奇心が増している気がします。読書をすればするほど、「こんなことがあるのか……」という気持ちになって、もっといろいろなことを知りたくなる。一向に好奇心の種が尽きることがないのです。

恋愛でも相手が未知の部分を持った神秘的な佇まいで、よくわからないところ、見えない部分があると、それが相手を一層神秘的に感じさせ、恋心を熱く燃やすものです。

好奇心はこれと似たところがあって、知れば知るほど、さらにその向こうに何があるんだろう。あのときはこういうことになっていたけれど本当はどうだったんだろう。それを探りたい、知りたいという気持ちが湧き起こってきます。

そんな知的好奇心が最終的に行きつく先は、「人間とは何者なのか」という根源的な問いではないでしょうか。

私の場合は自分がその問いをどこまで探求できるか、謎を少しでも知ることができるか、とことんやってみたいという気持ちが強い。若い人には体力では勝てませんが、この年でどこまで楽しめるか、是が非でも挑戦を続けたいのです。

老い先短し、いまさら何か新しいことを知ってどうなる。一生懸命本を読んだって仕方ない……そんなふうに悟ってしまうと、せっかくの人生なのに、もったいないと思います。

年を取るにつれて好奇心が衰えていく人は少なくありませんが、好奇心は人が前向きに生きていく原動力になるものです。好奇心をなくすのは死ぬとき。私はそう思っています。

反面教師からの学びは大きい

「一流の人間になろうと思えば、一流の人と付き合え」という人がいます。それは半分当たっていますが、半分間違っていると思います。なぜなら、ダメな人から学べることも少なくないからです。もしかしたらダメだと思える人からのほうが、一流の人からよりも学ぶものが多いかもしれません。

私は自分が課長や部長になった際、若いときに「この野郎！ こんな上司にだけは絶対ならないぞ」と思っていた上司に、感謝に近い気持ちを抱いたことがあります。彼らが反面教師として教えてくれたことが、とても役に立ったからです。

何か問題が起こると、責任を部下になすりつける上司。自分のイライラを部下にぶつけて発散する上司。下には威張り散らしているのに、上にはペコペコごますりをする上司。部下の手柄を横取りする上司。部下の忙しさも考えず自分の仕事を押しつけて、できないと罵倒する上司。保身のために平気で嘘をつく上司……。部下からすれば「バカ野郎！」といいたくなるようなブラック上司はどこの会社や組織にもいるものです。

そんな上司を持ってしまった部下は、「よりによって、なんでこんな奴《やつ》が俺の上司なんだ……」とつい嘆きたくなります。

しかし発想を変えれば、嫌な上司を持つのは、ある意味ラッキーなことなのです。「自分はああはならないぞ」と反面教師にすれば、実に学ぶことが多いからです。

もちろん立派な上司からも見習うべき点はたくさんあるでしょう。しかし、自分がその立場になるのは、かなり先の話です。時代とともに価値観も環境も変わっていきます。そうなると「よし」とされていることが「よろしくない」と逆の評価に転じることもありえます。

一方で「この野郎」と腹立たしく思うことは、どんな時代になっても普遍的で変わりないものです。したがって、「けしからん」と思う上司を反面教師にして自戒するほうが現実的だと思います。

私は平社員のころから、自分が上の立場ならどうするかというシミュレーションを心のなかで無意識にしていました。役職のないときなら課長の立場で、課長になったら部長の立場で「こんなとき、自分ならこうする」という想像を、半ば真剣に半ば遊び感覚でしていたのです。

主にそれを促してくれたのは、「けしからん」と思う上司たちでした。彼らを見ながら、「課長になったら部下をなるべく信頼して仕事を任せよう」とか「俺が課長ならもっと若いうちから部下を海外へ積極的に出そう」とか、自分がその立場になったら実行しようと思うことを、事あるたびに自分のなかで反芻していました。

私のこの経験は会社組織のなかでのことですが、これはどのような人間関係においても応用できることです。

嫌な人やダメで面倒そうな人には、なるべく関わらないようにしようと思うのが人情ですが、やむを得ず付き合わざるを得ないのであれば、腰をすえて「学び」の機会にすればいいのです。

なぜこの人はこういうところがダメなのか、なぜ嫌な思いをわざわざ人にさせるのか、じっくり観察して分析することで、もしかしたら自分にもこういう要素があるのではないかと戒めたり、自分ならこういうときはこんな対応をしようとか考えたりするのです。

尊敬できる人からのみ、学べるわけではありません。ダメな人から学べることは、その気になればいくらでもあります。

そんな姿勢でいると、さまざまな人との付き合いは常に成長の糧になりますし、また人間への洞察力もより一層磨かれるはずです。

あきらめたら、そこで終わり

十数年前に「世界に一つだけの花」という歌が大ヒットしました。「オンリーワン」という言葉が盛んにいわれるようになったのは、そのころからだったと思います。

ありのままの自分でいい。他人と競争をすることなんかない。置かれた場所でただ一つの美しい花として咲いていればいい。あなたは他の誰も代わることのできない世界で唯一の花というメッセージを、オンリーワンという言葉から感じとる人も少なくないのでしょう。

言葉としては美しいけれど、果たしてそうなのか。力の限り努力をしている人がその自負を持って、私はオンリーワンだというならまだしも、たいして努力もせず、何かあると周りのせいにするような人が勘違いして「自分はオンリーワンな存在なんだ」と思っていても、ちっとも美しくありません。

「世界に一つだけの花」なんて自分で勝手に納得しているだけのことではないでしょうか。結局、自分を甘い幻想のなかに置いて美化しているだけではないか。そう感じてしまいます。

本人がオンリーワンと思っていても、傍から見れば、同じような花はたくさんあります。オンリーワン幻想に耽溺《たんでき》していると、そこから進歩は生まれません。大事なのはやはり、土の手入れをして、水をきちんとやって、きれいな花を咲かせる努力をすることです。

きれいな花というと誤解されやすいのですが、それは世間の目を引くような華やかな美しさという意味ではありません。誰からも振り返られないような地道な努力を重ねている人であっても、一生懸命、誠実に生きていれば、その人は美しい花を咲かせることができるのです。

それを見て美しいと思わない人もいるかもしれません。社会的に成功して尊敬されることが美しい花を咲かすことだと思っている人にとってはまさにそう感じるでしょう。でも、このような目立たない努力をコツコツ積み重ねている人は、間違いなく美しい花を咲かせることができるのです。

人の能力というのは科学的にも、それほど大きな個人差があるわけではありません。

もちろん分野によってはずば抜けた天賦の才を持って生まれてくる人もいますが、それは例外です。先に会社などの集団では、組織を引っ張る優秀な人が2割、ほどほどに働く並の人が6割、仕事をちゃんとしない人が2割という「2：6：2の法則」があるという話をしました。

上位2割の優秀な人と、6割の普通の人との差は、どこからくるのでしょうか。長年会社にいて自社、他社の膨大な数の社員に接して感じたことは、努力の差以外にないということです。つまり、努力をする情熱と気力の差といい換えてもいい。

上位2割の人たちは、情熱と気力を持って仕事に打ち込むので能力がどんどん磨かれ、伸びるスピードも速くなります。

それに比べて中間の6割は、情熱と気力において明らかに努力が足りない。しかし、気持ちを入れ替え、もっといい仕事をしよう、納得のいく仕事をしようと思って本気を出せば、上位2割に入る可能性はいくらでもあります。

では下位の2割は上にいける可能性があるのか。彼らは会社のなかで「こいつらはダメな社員だ」というレッテルを貼られています。自分でもそんな周囲の評価を肌で感じていて、仕事の上では「俺はこんなもんでいいや。まあ生活していける給料がもらえて飯がなんとか食えていけばそれでかまわない」と開き直ったりしています。

けれども、そんな人たちをつぶさに観察すれば、ここをこういうふうに変える工夫をすればよくなるのにという部分が見えたりします。

本人がそれを自覚して一生懸命仕事をすれば、中間の6割、あるいは上位の2割に入る可能性だって十分ありえます。

自己評価が元々低く、自ら自分の限界を決めてしまっているようなタイプが下位の2割には多いのですが、その意識を変えれば、眠っていた能力が開花する可能性は十分にあるのです。

他人の人生を大きく変える言葉

組織で上の立場にいる人間は、下の人間のよいところを褒めてあげることも大事です。

人は褒められるとその気になって、一生懸命やり始めるきっかけになることがあるからです。

私も自分のことを振り返ると、誰かから褒められたことが人生において意外と大きな影響を受けているのを感じます。

印象に残っているのが、中学校のときに書いた作文を国語の先生にいたく褒められたことです。そのときはすっかりその気になって、「将来、作家になるぞ」と有頂天になってしまいました。

それまでも本は好きだったのですが、それをきっかけに読書への熱は一段と高まり、読書は自分が成長していくために欠かせない貴重なものになりました。

同じく中学生のときに受けた職業適性テストの結果を先生から朝礼時に褒められたことも、自分を変える大きな転機になりました。全校生徒の前で「一人だけすごい結果を出した人がいます」と持ち上げられたのです。

弁護士、医師、大学教授、料理人、運転手など20ほどの職業が出ていて、私は1000名近い全校生徒のなかでただ一人、すべての職業に向いているという評価でした。これは私が書店の息子という立場を利用して、文学全集から大人向けの成人雑誌までさまざまな本や雑誌を乱読していたことも多分に影響していたと思います。同級生よりも知識が豊富で、かなり早熟だったからです。

このときは全校生徒の前で褒められるほどの結果だったことで、「俺は何でもできるんだ」という強い自信を持ちました。それと同時に真面目一本の優等生でそれまで通してきた私は、「いろいろな可能性を持っているんだから、もっと自由にやりたいことをやっていいんだ」というふうに吹っ切ることもできたのです。

傍から見れば、先生から褒められたこれらの体験は実に他愛もないことです。しかし、褒められる内容やタイミングによって、人はまさに「豚もおだてりゃ木に登る」のです。

上の立場の人間は中間以下のところでくすぶっている人に対して、ここぞというときは褒めるようにしてあげてほしいと思います。後から考えれば、それが転機になって大きく飛躍することだってありえるのですから。

最終的に能力の差を決めるのは、情熱の差であり、気力の差であり、そして努力の差です。

ベストを尽くす前に能力が違うからといってあきらめたり、嘆いたりするのは愚かなことだと思います。

自分を正しく評価できる人はいない

組織のリーダー論などでダメなリーダーとしてよくあげられるのが、部下には厳しくて自分に甘いというタイプです。常に自分の保身と出世のことばかりを考え、そのために部下が犠牲になろうとも知ったことではない。そんなリーダーはリーダーの風上にも置けません。本当のリーダーとはいざとなれば、自分より部下のことを優先できる人です。

もっとも、部下にも自分にもともに厳しいと思っているリーダーでも、客観的に見ると、やはりどこか自分には甘かったりします。

人間は誰だって自分がかわいいから、どうしても自分のことは高く評価しがちです。だから、贔屓目《ひいきめ》に自分のことを見て、他人には厳しい評価をしてしまう。その傾向は強いか弱いかといった程度の違いがあるだけで、ほとんどの人が持っているものなのかもしれません。

そう考えると、自分に対する評価は、えてして底上げされているものなのです。

「これだけ結果を出しているのに何で会社は自分を評価してくれないんだ」と不満を抱えている社員がいるとします。そんなときに私が「じゃあ、君は自分のことを100点満点で何点くらいだと思っているんだ？」と聞くと、「120点くらいはいくと思います」と答えが返ってきたりします。

ところが、上司や同僚などにその人の評価を聞くと、70点があったり50点があったりとバラけてはいるものの、平均すると60点くらいのところに落ち着きます。その差に対してまさに本人は怒っているわけですが、本人評価の120点より60点のほうが、客観的に見ても、その人に対する正確な評価であることが多いのです。

私の経験だと、自己評価は周りの評価の2倍くらいになることが圧倒的に多い。つまり意外と他人は、自分のことをある意味では正しく見ているということです。

自己評価は実際よりかなり甘くなる。そう考えると「自信」というものは、半分は根拠があるけど、もう半分は根拠のないところでつくられていると思ったほうがいい。したがって「すごく自信がある」というときでも、半分は自分なりの高下駄を履いていると考えるべきです。

自信があると向上心が増し、より積極的になります。自信はその人の成長を促すエンジンになってくれますが、ありすぎると危険です。

過剰な自信は人に驕《おご》りをもたらします。それは人を躓《つまず》かせ、ときによっては破滅にさえ導きます。驕慢《きょうまん》を英語でヒューブリスといいますが、この言葉は驕慢は破滅を招くというギリシア悲劇を語源としています。

ですから、自信があるときは実際の2倍くらい自己評価が膨らんでいるんだろうなと思って、謙虚に構えたほうがいい。自信がないよりはあったほうがいいのですが、自信には必ず落とし穴があるという認識はとても大事です。

「清く、正しく、美しく」は至難の人生訓

仕事などで正論を吐くと、「そんなきれいごとは通用しない」という反応が返ってくることがあります。

たしかにビジネスといったものはきれいごとだけではなく、汚れた部分もたくさんあります。そのなかで揉《も》まれていると、ビジネスとはそういうものだという諦観のようなものを抱いたりするのかもしれません。それどころか、相手を欺いたり出し抜いたり、小賢《こざか》しく振る舞うことが優れたビジネステクニックだと勘違いしている人もなかにはいます。

そんな人たちからすると、「きれいごと」をいって正しく行動しようとする人は、きっと「甘い」と目に映るのでしょう。彼らは心のなかで「きれいごとをいう奴なんて、そのうち壁にぶつかるよ」と思っている。

でも本当にそうなのでしょうか。「きれいごと」なんて寝言だと思っている、ちょっとすれた人たちのほうが、現実の姿をより正確にとらえたリアリストなのでしょうか。

私はそうは思いません。仕事において「きれいごと」は通用するし、そこに損得勘定が入るわけではありませんが、結果的にも大きなリターンがあると考えています。

もちろん、壁に阻《はば》まれて通用しないときもありますが、その姿勢を見てくれている人はちゃんといます。

「きれいごと」より、人を欺いたり、陥れたりするような「きたないこと」のほうが一瞬の利をもたらすこともありますが、長い目で見れば「きたないこと」をした人は後悔をしたり、周りの評価を下げたり信用を失ったり、得か損かといえば損のほうが圧倒的に大きい。「きれいごと」が甘いと思っている人たちは、「きれいごと」の本質が見えていないからそう考えるだけなのだと思います。

私は1998年に社長に就任した際、会社が危機に瀕して士気が下がった社員の意識を変えることを大きな目標の一つとして掲げていました。人は宝です。一人ひとりの意識が変わり、意欲が湧かないことには会社を変革することなどできません。

約20年前の1997年の日本経済は、バブル崩壊の最終段階かと思うほど、さまざまな出来事が噴出しました。今でも記憶に残っているのは、四大証券会社の一角であった山一證券が、大口顧客への違法な損失補塡《ほてん》や不正会計事件で、自主廃業をしたことです。その数カ月前に就任した野澤正平社長は記者会見で「社員は悪くありませんから！」と叫ぶように号泣。２６００億円の簿外債務の存在を公表し、世間は驚愕するなど大企業への不信感が漂っている状況でした。

その半年後でもあったので、私が最初に提案したのが「清く、正しく、美しく」を実行していこうということでした。社員のなかにはそれこそ、「こんなきれいごとを掲げて何寝ぼけたこといってるんだ」と思った人もいたに違いありません。

しかし、そのときの会社の状態は、まさに役員から平社員まで、一人ひとりの行動がそのようにならなくては起死回生がはかれなかったのです。

「清く、正しく、美しく」は言葉でいうのはたやすいことですが、実行するのは難しい。まずはトップに立つ人間が率先垂範《そっせんすいはん》することが大事です。

社員は行動するトップの背中をよく見ています。そして本当に信用できると判断すれば、心からついてきてくれます。

トップは強い倫理観を持っていないといけません。教育者である新渡戸稲造《にとべいなぞう》が著した『武士道』によれば、武士道精神の源にあるのは仏教と神道、そして儒教の教えだといいます。

その儒教が説く五常、すなわち人が常に守るべき5つの道徳「仁義礼智信《じんぎれいちしん》」は、トップには一つとして欠けてはいけないものだと思います。

「清く、正しく、美しく」は、この「仁義礼智信」という五常に深く関わるものです。利己心を抑えて人を思いやる「仁」、筋を通し正しいことを行う「義」、人間関係を円滑に進めるための社会秩序である「礼」、道理をわきまえ正しい判断を下す能力である「智」、偽らず、欺かず、人の信用を得る「信」。いずれも「清く、正しく、美しく」を実践することと不可分のものといえます。

仕事で「きれいごと」は通用するのか

社長に就任した私の役目は、バブルの後遺症で巨額の不良資産を抱え、大幅赤字に転落していた会社をいかに再建するかでした。

銀行や上級役員のほとんどは、長い時間をかけて不良資産を少しずつ償却していくべきだという意見でしたが、私の心は金額の大きさではなく、社員の心（会社への信頼）に向いていたのです。

当時、同じような状況に喘《あえ》いでいた企業が選んでいたソフトランディングの方法では、利益はいつまでも不良資産に吸い取られ、給料は増やせず、新規事業に投資はできず、配当もできません。

不良資産は腐ったリンゴのようなもので、少し削ろうとも腐った部分が残っている限り、周りに浸透して、またどんどん腐っていきます。ですから、早く切り捨てるに限るのです。

覚悟を決めた私は、社長就任から1年半後の1999年10月、不良資産を一括処理し、3950億円の特別損失を計上すると発表しました。

この金額は当時、巨額の含み損を抱えていた企業の特損処理のなかでは最大規模、周囲からは無謀とまでいわれました。

それにより、2000年3月期決算では単体で1630億円の赤字を計上、無配となりました。けじめを示すため、私は当分給料を全額返上すると宣言しました。

上級役員のなかからも「われわれも返上します」と声が上がりましたが、役員全員が無報酬となれば、彼らの家族にも迷惑がかかるし、下にいる社員もやりにくくなるので、気持ちだけ受け取りました。

当時1000社あった子会社のうち、3期連続赤字を出していた約450社について退職金を大幅に上乗せして整理しました。また、企業年金積立金の金利を従来の6パーセントから3・5パーセントに引き下げ、それが嫌なら積立金を引き取ってもらうことにしました。

また亡くなるまで支払われていた社長OBへの給料は75歳で打ち切り、私の代からこの制度を全廃しました。企業年金積立金の金利引き下げも社長OBへの給料廃止もともにOBたちからかなりの反対を受けましたが、後には引けない状況を説明して最終的にはのんでもらいました。

不良資産の一括処理に際して、私は「損失総額は想定を3倍上回る」と読んでいました。というのも、1977年、経営危機に陥っていた安宅産業を吸収合併した際、同社が抱える負債総額は1000億円程度と予想されていたものの、最終的には3000億円にのぼったという事実を身近で経験していたからです。

自己保身ゆえに自分の責任で被った損はできるだけ少なく申告したいというのは、「動物の血」がなせる人間の性《さが》です。

そんな経験をしていたので、徹底して洗い出せばかなりの損失額になりそうだと睨《にら》んだ私は極秘で特命チームをつくり、各事業部の資産の実態を把握するために部課長クラスに聞き取り調査を命じました。

そうして調査を続けると、損失がこれでもかというほど次から次へと出てきました。

4カ月ほどたってかなりの額にのぼったとき、特命チームの面々は「ここまであるとは、すごいものですね」と驚嘆していましたが、私はまだまだ隠しているものがあるはずだと直感し、「もし隠している場合は会社を辞めていただくと伝えてくれ」と2回目の調査指示を出しました。

案の定、隠していた損失は相当な額にのぼり、その総額は最初の2倍になりました。

しかし、私は安宅産業の経験から「想定を3倍上回る」という3倍の法則を信じていましたので「こんなものじゃない。もっとあるはずだ。損を正直に出さないと最終のバスに乗り遅れるぞ」といって、さらに調査を続けさせました。最終バスに乗れないとは、「隠さずに全部出してください。損失が後から発覚したら、会社を辞めるなど責任をとってもらう。その代わりすべて出してくれたら責任は私が負う」ということです。

こうして調査を執拗《しつよう》に何度も重ねた結果、全体の損失額は私の予想通り、当初の約3倍になりました。予想していたとはいえ、あまりの巨額に目がくらむ思いでしたが、一括処理をするという決意は揺らぎませんでした。

3950億円の特別損失の発表に対しては、投資家が果たしてどういう反応をするかとても心配でしたが、市場はむしろ好意的な反応を示し一安心しました。

膿《うみ》を出し切れば、あとは前へ進むだけです。財務体質の改善と新事業への果敢な取り組みを同時に進めていくことで、2001年には連結で純利益705億円という過去最高益を達成、V字回復を果たすことができました。

会社は社員に隠しごとを一切せず、真実を語る。社員は会社と運命をともにする覚悟が第一です。私をはじめ社員が一丸となって会社を再建できたのは、会社全体で「清く、正しく、美しく」を一つひとつ具体的な形にし、組織をつくり直すことができたからだと思います。「きれいごと」を信じていない人は、「厳しい現実を見ていないからきれいごとがいえるんだ」といいます。

しかし、そういう人こそ、実は現実をきちんと見ていないのかもしれません。

「きれいごと」はしかるべき行動と情熱を伴っていれば、必ず通用する。私は強くそう確信しています。

「人間の本性」にあらがう

「知らぬが仏」という言葉がありますが、この世にはたしかに知らないままでいたほうが幸せということがあります。知らなければよかった……。そうした経験は誰しもあるでしょう。

しかし、それらの大半は、本当は知る必要のあるもののはずです。

いわゆる「不都合な真実」と呼ばれるものはまさにそうといえます。

政治がらみのニュースで不正な汚職事件や統計の由々しき改ざん問題が発覚したら、その真相を追及する人がいる一方で、直接間接に関わっているゆえに自分の利益が損なわれると思って目をつむる人もいます。さらに政治の世界のできごとでわれわれ庶民の知ったことではないとばかり、それに対し無関心を装う国民も「不都合な真実」を覆い隠すことに加担していることになります。

この地球には「不都合な真実」が数え切れないほど存在しています。知ると不幸になる、知らないことにして安楽に生きたい、そんなふうに思って「不都合な真実」から目を背けて生きてきた人たちが歴史の大きな部分を、もしかしたらつくっているといってもいいのかもしれません。

なぜなら歴史は、不都合なことを隠す為政者などの勝者によって常に書き換えられる宿命を持っているからです。

われわれ現代人がもっとも正視したくない「不都合な真実」の一つは、地球の環境問題でしょう。

科学文明社会を築いた人間は、そこに生きているだけで自然の資源を収奪し、自然に多大な負荷をかける存在となっています。もし環境問題を根絶しようとすれば、この文明的な生活を根本から否定しなくてはいけないことになってしまう。

しかし、快適な文明を知ってしまった人間にそんなことはできません。できることはかなり限られています。

資源エネルギー問題の現況を見て電気を節約するとか、マイクロプラスチック汚染の問題がクローズアップされてきているのを見てビニール袋をスーパーでもらわないようにするとか、エコ問題に意識が向いている人でも地球規模からすれば、残念ながら自己満足の域を出ていないような行動くらいしかできないありさまです。

そんな人たちよりも、安楽な生活を犠牲にしたくないゆえに環境問題を意識しないで暮らす人のほうが現実には多いのは、当然といえば当然です。

そして前者と後者を比較した場合、環境問題に負荷をかけている度合いは実際のところ、それほど大きな違いはないのかもしれません。

後者のなかには、前者は後ろめたい気持ちを持っていることを免罪符にして現代文明の恩恵を享受しているのではないか、それは欺瞞《ぎまん》ではないかと批判する人もいるでしょう。

でも人間としては私は前者のほうが正しい方向に向いていると思います。

文明社会の恩恵に浴しながら環境問題に取り組むことは、避けがたく矛盾をはらみます。だからといってそこから目を背けていては、一歩も前進することはありません。

自然はダメージを被っても、自ら回復する力を持っているといいます。しかしながら、一部の専門家によれば、現在の自然破壊はもはや回復できない危険域まで達しつつあるといいます。

地球規模の大きな目で見れば、環境破壊の問題は手遅れなのかもしれませんが、それでも方策を尽くせば、問題の進行スピードを遅くすることはできるはずです。

環境問題に関しては、全人類で「知る不幸」を受け入れるべきだと思います。環境問題に限りません。いまの社会が抱えるさまざまな問題は、社会構造の複雑化に伴って、ますます複雑になっていく様相を見せています。

あまりにも問題が多すぎて、いちいち目を向けていられないと思う人もたくさんいるでしょう。

しかし、これは目をつむるとまずいんじゃないか、自分たちの生活に巡り巡って悪い影響を及ぼすんじゃないか、おかしいものはおかしいと声をあげるべきではないか、そう感じるものがあれば、面倒だなと思っても逃げずに知ることが大事だと思います。

「知る不幸」になりそうなものを知らないままでいると、もっと不幸なことになる。いまはせめてそう考え、準備をしておかないと、取り返しのつかない時代に突入してしまう時期が近づいてきているように感じます。人間の本性からいえば、見たくないものには蓋《ふた》をしたい。しかしながら、そのツケは必ず人間に回ってきます。

真実を見る勇気こそ、ロボットや動物とは違う人間の証《あかし》であることをわれわれは忘れてはいけないのです。

あとがき

今われわれは、過去と21世紀という未来の直中《ただなか》にいます。いや、われわれはすでに未来への一歩を踏み出しているといえます。今までお話ししてきたように、われわれ人間に流れ、本性のもとになっている「動物の血」はこれからも消えることなく、何百年と続くことでしょう。

過去何千年とそうであったように、21世紀のこれからも、われわれの本性は変わることはないでしょうし、知識や技術も今まで同様、進歩し続けるはずです。

人間の本性が望ましい方向に制御されていくことは、人間社会の未来にとって大きな〝光〟であらねばならないし、その中で日本の大問題である人口減少と高齢化は少しずつ解決され、社会も進化していくと私は信じています。

世界の中で、その先陣を歩くのはわれわれ日本人でありたいと思いますし、そのためには何よりも、人間の本性を少しでも克服する努力をしなくてはなりません。われわれは人間の心と頭の未熟さを自覚し、「知識のなさ」と「心の傲《おご》り」を自覚する〝とば口〟に立っているといえるのです。

世界各国では争いが絶えませんが、われわれは無駄としかいいようのない武器に投資するのではなく、世界最大の資源である〝人間〟に、最大の投資をしなくてはいけません。とくに21世紀の未来をになう若者たちの心と頭に最大限のお金を投資し、われわれ人間の本性の悦楽のためでなく、若者と日本の未来のために皆さんと共に力強く一歩前へ進みたいと思っています。

最後になりましたが、幻冬舎の四本恭子さん、髙木真明さん、校閲等でご協力してくださった元日本政策投資銀行の高橋達雄さんに御礼申し上げます。

二〇一九年五月

丹羽宇一郎

著者略歴

丹羽宇一郎《にわういちろう》

公益社団法人日本中国友好協会会長、福井県立大学客員教授、伊藤忠商事名誉理事。一九三九年愛知県生まれ。元・中華人民共和国駐箚特命全権大使。名古屋大学法学部卒業後、伊藤忠商事(株)に入社。九八年に社長に就任すると、翌九九年には約四〇〇〇億円の不良債権を一括処理しながらも、翌年度の決算で同社の史上最高益を計上し、世間を瞠目させた。二〇〇四年会長就任。内閣府経済財政諮問会議議員、地方分権改革推進委員会委員長、日本郵政取締役。

幻冬舎新書 558

人間の本性

二〇一九年五月三十日　第一刷発行
二〇一九年七月二十日　第七刷発行

著者　丹羽宇一郎

発行人　志儀保博

編集人　小木田順子

発行所　株式会社　幻冬舎
〒一五一-〇〇五一　東京都渋谷区千駄ヶ谷四-九-七
電話　〇三-五四一一-六二一一(編集)
　　　〇三-五四一一-六二二二(営業)
振替　〇〇一二〇-八-七六七六四三

ブックデザイン　鈴木成一デザイン室

印刷・製本所　株式会社　光邦

GENTOSHA

NexTonePB43359号

検印廃止

Printed in Japan　ISBN978-4-344-98559-9 C0295
に-5-2

幻冬舎ホームページアドレス https://www.gentosha.co.jp/
*この本に関するご意見・ご感想をメールでお寄せいただく場合は、comment@gentosha.co.jp まで。

幻冬舎新書

丹羽宇一郎
死ぬほど読書

「どんなに忙しくても、本を読まない日はない」——伊藤忠商事前会長で、元中国大使が明かす究極の読書論。「いい本を見抜く方法」「頭に残る読書ノート活用術」等々、本の楽しさが二倍にも三倍にもなる方法を指南。

曽野綾子
人間の分際《ぶんざい》

ほとんどすべてのことに努力でなしうる限度があり、人間はその分際（身の程）を心得ない限り、到底幸福には暮らせない。作家として六十年以上、世の中をみつめてきた著者の知恵を凝縮した一冊。

中川右介
悪の出世学
ヒトラー、スターリン、毛沢東

歴史上、最強最悪の権力を持った、ヒトラー、スターリン、毛沢東。若い頃、無名で平凡だった彼らは、いかにして自分の価値を吊り上げ、政敵を葬り、すべてを制したか。戦慄の立身出世考。

佐々木閑　大栗博司
真理の探究
仏教と宇宙物理学の対話

仏教と宇宙物理学。アプローチこそ違うが、真理を求めて両者が到達したのは、「人生に生きる意味はない」という結論だった！　当代一流の仏教学者と物理学者が縦横無尽に語り尽くす、この世界の真実。